沙景雯 编著

中学美术综合活动教学设计

地方美术课程资源开发与利用案例集

南京师范大学出版社

图书在版编目（CIP）数据

中学美术综合活动教学设计：地方美术课程资源开
发与利用案例集 / 沙景雯编著 . — 南京：南京师范大
学出版社，2024.1
美术学科核心素养教学指导用书
ISBN 978-7-5651-5916-9

Ⅰ . ①中… Ⅱ . ①沙… Ⅲ . ①美术课—教学设计—中
学 Ⅳ . ① G633.955.2

中国国家版本馆 CIP 数据核字（2023）第 231302 号

书　　　名	中学美术综合活动教学设计：地方美术课程资源开发与利用案例集	
编　　　著	沙景雯	
策 划 编 辑	何黎娟	
责 任 编 辑	杨　洋	
出 版 发 行	南京师范大学出版社	
地　　　址	江苏省南京市玄武区后宰门西村 9 号（邮编：210016）	
电　　　话	（025）83598919（总编办）　83598312（营销部）　83598319（编辑部）	
网　　　址	http://press.njnu.edu.cn	
电 子 信 箱	nspzbb@njnu.edu.cn	
照　　　排	南京凯建文化发展有限公司	
印　　　刷	南京迅驰彩色印刷有限公司	
开　　　本	787 毫米 ×1092 毫米　1/16	
印　　　张	9	
字　　　数	235 千	
版　　　次	2024 年 1 月第 1 版	
印　　　次	2024 年 1 月第 1 次印刷	
书　　　号	ISBN 978-7-5651-5916-9	
定　　　价	59.00 元	

出　版　人　张　鹏

基础教育改革的不断推进，一方面表现在课程教学改革的不断深化上，2023 年 5 月，教育部印发《基础教育课程教学改革深化行动方案》，指出："学校以促进学生全面而有个性地发展、健康成长为目标，高质量落实国家课程，建设校本课程，将课程理念、原则要求转化为具体的育人实践活动，构建体现学校办学特色的课程育人体系，注重持续优化。"另一方面表现在教学方式的变革上，2019 年，国务院发布《关于新时代推进普通高中育人方式改革的指导意见》，提出："深化课堂教学改革。……积极探索基于情境、问题导向的互动式、启发式、探究式、体验式等课堂教学，注重加强课题研究、项目设计、研究性学习等跨学科综合性教学，认真开展验证性实验和探究性实验教学。"

由此可见，新时期呼唤新的美术教育方式，要求我们充分利用现有的条件和资源，推动课程和教育教学方式的革新。《中学美术综合活动教学设计：地方美术课程资源开发与利用案例集》的编写，正是在此背景下对美术课程设计和教育教学方式革新的一次尝试。

一、综合活动课与地方美术资源

美术综合活动课程强调围绕核心素养，整合国家课程和地方资源，发掘有意义的主题，开展基于问题、情境导向的跨学科的综合实践活动；在教学实施上，以学生为主体，运用主题式、项目化、研究型教学方式进行自主探究、合作学习、实践创新；旨在引导学生学会运用美术及跨学科的方式解决实际问题，提升美术学科核心素养，增强社会责任感、综合实践能力及创新能力。

地方文化资源一般包括当地的各种公共文化艺术设施（如美术馆和博物馆），文化景观、文化遗产和遗迹，民间传统美术，优秀的艺术家、非物质文化遗产传承人、民间艺人及其工作室或作坊等。这些文化艺术资源带有独特的地方特色，是美术教学资源的肥沃土壤。植根于地方美术课程资源，可以拓展有限的教学时空，丰富教学资源、改进教学方式，让美术学习的拓展和建构更加高质、高效。地方资源的引入，打开了美术教学通向现实的闸门，将美术教学与现实世界中的真实命题联系起来，引导学生运用所学知识解决现实问题、改造生活，在学习地方优秀文化的同时拓宽视野、了解家乡、关注社会，涵养家国情怀，成长为具有问题解决能力的创新型人才。

基于地方资源的中学美术综合活动课程依托地方资源的优势和特色，通过物化的课程形态或课程文本，如一个主题、一种情境、一项研究、一类活动、一个项目等实现学科课程的综合化，一方面打通美术学科内部知识的联系，另一方面将美术学科与其他学科、生活场景、现实世界、学生身心等进行有机关联与组合。在综合课程的开展过程中，强调学生在学习中的主体地位，通过搭建有效的学习支架，引导学生像艺术家 / 设计师一样思考，转换身份和思维方式，主动参与学习任务，进行问题的思考、合作、探究，形成概念、见解、创意，甚至完成产品的设计，学会运用美术及跨学科的方式解决学习和生活中遇到的问题，促进美术核心素养的形成。

二、书中教学设计的特色

1. 积极创设以学习者为中心的教学方式。在教学设计中运用主题式、项目化、研究型教学方式，转变学生角色，促使学生成为积极的学习者——根据学习目标，制定学习策略、设计学习方案、掌控学习进度、展示学习成果、反思学习过程，实现主动发展。学生只有自己体验到学习的乐趣，才能拥有学习的动力和能力，不断完善自我、发展自我，成为更好的自己。

2. 利用学习支架，以小问题驱动主题学习。在美术综合课的教学过程中，每一项主题学习中的驱动问题（任务）通常由多个小问题（任务）层层驱动。书中的教学案例均将主题中复杂的"大任务"加以分解，按梯度形成若干个"子任务"。为了更好地实现学生自主学习，每一课都设计了大量"学习支架"助力学习目标的有效达成，以便于实现学习者的自主学习，优化教与学的环节。以"鲜明可爱 城市形象"一课为例，大任务是"为南京设计一款城市吉祥物"，根据大任务分成的 5 个"子任务"分别是：吉祥物形象相关资料搜集及研究、城市吉祥物相关资料搜集及研究、吉祥物设计方法分析及南京地方文化特色元素搜集、南京城市吉祥物形象设计实践、南京城市吉祥物形象的产品化实践，对应了"资料搜集、案例分析、方法学习、设计实践、应用实践"环节。在学生完成这一系列任务后，通过作品展示、产品发布实现了"展示和评价"这一环节。我们可以看到，学生在活动的过程中完整体验了"像艺术家一样设计产品"的全过程，在学习支架的帮助下，实现了自主学习这一要求，也达成了最终的学习目标。

3. 主题选择植根于地方美术资源和国家课程。在进行地方资源的开发过程中，我们反复斟酌主题的选择，既要基于国家课程做有效拓展，又要发挥地方文化资源优势。根据现行课标和教材的分类方式，将地方文化资源和美术课程中的知识点进行梳理和一一对应。比如，针对中国书画相关内容，我们以南京博物院作为地方资源的实体平台，设计了"名士风流 金陵书画"这一主题，以小见大，从南京地区的书画发展历程拓展到中国书画的发展，将明清时期的"金陵画派"和 20 世纪 60 年代"新金陵画派"的代表作品进行对比，感受中国当代书画的创新与发展；再如工艺美术方面，我们选择了南京云锦、金箔等有代表性的非物质文化遗产，设计了"锦绣河山 南京云锦""中华一绝 南京金箔"等主题活动，依托相关博物馆，带领学生进行实地学习，从了解历史，到探秘工艺，再到实践创作，构建完整的学习过程。

三、本书的主要内容

根据梳理的地方文化资源，我们将相关主题归纳为四个方向。

一是"寻访名胜古迹"，该部分教学设计旨在引导学生关注地区重要历史遗迹，发掘其艺术特色、历史价值及文化价值，培养学生的文物保护意识，并启发学生将文物保护与文物资源的开发利用结合起来，树立主人翁意识，坚定文化自信。

二是"创造美好生活"，该部分教学设计立足学生的学习和生活实际，引导他们关注身边的点滴之美，站在城市小主人的角度，运用所学知识和技能改造现实生活。如在"意趣天成 园林艺术""洞门花窗 光韵之美"两节课中，都是引导学生运用中国园林景观中的造景元素和造景方式改造校园或教室环境，使学以致用、知行合一。

三是"发现工艺之美"，该部分教学设计立足地方优秀的工艺美术，引导学生关注非遗工艺，通过走进博物馆和寻访民间艺人，了解和感受非遗工艺的魅力，激发学生对中华传统优秀文化的热爱，同时关注传统工艺的传承和创新，学习用现代的技术和媒材改造传统非遗工艺，实现创新性传承。

四是"走进博物馆"，选择了地区有特色的博物馆资源，围绕特定主题进行研究性学习和探究，培养学生研学意识，提高学生研学能力。该部分教学设计是对"第二课堂"的积极探索，可以有效利用社会公共资源服务教学，探索学校与博物馆等校外机构的合作。

在每一课的编排中，我们设计了活动预热、活动背景、活动目标、核心素养、问题与实施、实施过程、展示与评价、活动反思、拓展链接等环节，一方面是为读者提供一些可资借鉴的课程设计与实施的示例，另一方面也是尽可能提供更丰富的素材和提示。

希望本书能为美术教师在设计基于地方美术资源的综合活动课时提供参考和启发，从而结合学校和地域特点进行创新和拓展，开展相关教学活动，让学生能够实现无障碍地自主学习，真正提高美术学科的核心素养，提升创新能力和实践能力，实现全面而有个性的发展。

本书作为江苏省教育科学"十三五"重点资助课题《南京文化创生高中美术综合课程的实践研究》课题重要成果，是课题组全体教师智慧与汗水的结晶，在此对参与本书编写的全体人员表示衷心感谢。

沙景雯

2023 年 12 月

目录

天降圣兽　南朝石刻

学科：美术、历史　　知识点：鉴赏、雕刻、绘画

南朝遗石的故事

20世纪80年代曾经有人设计过南京市市徽，其中的带翼石兽辟邪形象诞生于1500年前的南朝时期。与东晋、南朝时期的南方相对应，北方正处于十六国以及随后的北朝时期，由于受到从印度传来的佛教的影响，曾一度掀起兴建佛寺佛塔和开凿石窟的热潮。北方进行着如火如荼的石窟营造时，南方却完全是另一番气象。

东晋南渡之后，建康城在王导、谢安主持下陆续营建，颇具规模，南朝宋、齐、梁、陈四朝皆沿用建康为都城并不断加以完善。正如南朝诗人谢朓《入朝曲》诗曰："江南佳丽地，金陵帝王州。逶迤带绿水，迢递起朱楼。"

20世纪80年代设计的南京市徽

可惜隋灭陈后，隋文帝杨坚下令"建康城邑宫室，并平荡垦耕"，至此，六朝名都彻底毁灭。所幸千年之后"六代宫"湮灭无迹，但"千官冢"侥幸留得些许。尤其是南京东北郊栖霞山以西、尧化门以东、麒麟门以北之间的区域，散布南朝帝陵、王侯墓多处，为古城建康重要的建筑遗存。

魏晋南北朝时期的中国古建筑最精华之遗存，可以扼要概括为北朝石窟与南朝陵墓，二者一北一南，遥相辉映。比之北方石窟遗存的浩浩荡荡，南方的六朝遗存却稀若星凤。然而这些遗冢，不论是神道石兽、石柱、石碑，还是地下墓室，皆有众多极富趣味的话题可供讨论。

（参考：王南《六朝遗石》）

萧融墓石辟邪

萧景墓神道石柱（局部）

一、活动背景

　　南朝石刻指南朝皇帝和王侯陵墓前的神道石刻。南朝石刻历史悠久，渊源深厚，是南京六朝文化的重要组成部分，集艺术价值与历史价值于一身，是中国古代雕塑发展长河中的一颗璀璨明珠。南朝石刻是南朝石刻艺人在继承中国雕塑、绘画传统的基础之上，吸收外来的艺术元素，并加以融会贯通，体现了中国古人"如虎添翼"的幻想。

　　中国古代雕塑是美术教材中的重要内容，南朝陵墓石刻为学生提供了绝佳的研究和实践素材。引领学生站在历史的高度探究六朝石刻，有助于加深学生对家乡历史和文化的理解，也是增强学生民族自信、文化认同感的有效手段。

二、活动目标

　　1. 了解南朝石刻的历史背景、审美特点、艺术价值及其影响力。

　　2. 培养搜集、查阅、整理、提炼、总结资料的能力及团队合作的精神。

　　3. 学习并尝试运用雕刻的方式对南朝石刻造型进行二次创作。

　　4. 加深学生对南朝石刻艺术价值的认知，激发学生深入研究地方艺术遗存的热情。

三、核心素养

图像识读	能够用联系、比较等方法对南朝石刻艺术进行整体分析，感受其形式之美。
美术表现	培养空间意识和造型意识，能够运用多种材料围绕学习主题进行艺术创新。
审美判断	感受古今中外石刻艺术的独特性和多样性，提升基本的审美能力。
创意实践	培养创新意识，运用创意思维进行美术创作实践。
文化理解	从文化角度观察和理解不同地域的石刻艺术作品，感受南朝石刻艺术特有的文化内涵和艺术魅力。

四、问题与实施

小问题	实施计划
1. 南朝石刻产生的历史背景、主要分布和功能价值。	资料搜集
2. 南朝石刻的类型、雕刻手法、造型表现及审美特点。	实地考察 进一步搜集资料，深入探究 注重对过程性材料的收集和记录
3. 现存的南朝石刻有哪些保护方式，如何更加科学地保存文物？	
4. 南朝石刻和我国汉代石刻及其他异域文明中的相关石刻有关系吗？	
5. 南朝石刻在中国建筑、雕塑史上有何特殊意义，对后来的中国建筑及雕刻艺术产生了哪些影响？	
6. 如何运用现代美术手段对南朝石刻造型进行二次创作？	创作实践

五、实施过程

任务一：南朝石刻相关知识文献研究

知识卡片：南朝陵墓形制

　　南朝陵墓形制大同小异，选址大多位于风水极佳的山麓，南京当地人称作"冲"（即山前的缓坡），如狮子冲、石马冲之类。陵墓往往背靠大山，左右又有小山环拱，建封土于山前缓坡之上，前为开阔平地，在方位上多坐北朝南或坐西朝东，但有时也会根据地形偏转一定角度。

　　封土前均有长长的神道，长度约 400 ～ 1000 米，宽度约 2 ～ 30 米，神道以一对相对而立的石兽作为起点。据文献记载，封土之前还有享殿、陵门、门阙等建筑，可惜此类建筑均已无存。南朝四朝中以梁代陵墓神道形制最为完善，大多都有石兽、石柱、石碑，其余各朝仅有石兽（史载刘宋陵墓前有阙表之类，但未发现实物遗存），这也与南朝各朝国力相符。

　　1. 查找并记录南朝陵墓石刻分布。

　　各小组走进图书馆或利用互联网搜集资料，查找南朝石刻的组成部分、主要分布区域、保存现状等，完成南朝陵墓石刻分布表。

丹阳齐景帝萧道生修安陵石刻

萧景墓石辟邪

南朝陵墓石刻分布表		
南朝陵墓石刻	分布区域	保存现状

2. 南朝陵墓石刻形制。

观察南朝陵墓神道照片，结合史料，总结南朝陵墓神道有哪些组成部分？

陵墓名称	形制
例： 丹阳梁文帝萧顺之建陵	例： 石兽一对。 方形石础一对，边缘有榫眼，础上部结构已失。 石柱一对，上部石碑碑体已不存。 石龟趺坐一对，上部石碑碑体已不存。

3. 南朝陵墓石刻代表作。

南朝陵墓石刻分布在南京主城区、江宁，以及镇江丹阳、句容四个地区，主要有麒麟、天禄、辟邪、石柱、碑等。南京的南朝陵墓石刻遗存主要集中分布在栖霞区，如甘家巷狮子冲田野中的陈文帝永宁陵石刻（现存双兽，一天禄一麒麟）、甘家巷小学内的萧秀墓石刻（现存双兽，均为辟邪，另有石碑、石柱）、栖霞大道与新仙东路交汇处的萧景墓石刻（现存石辟邪、石柱）等。

根据查找的文献，选择一处想要研究的南朝陵墓石刻代表作，实地考察，填写下表。

南朝陵墓石刻 代表作	位置	造型表现及 艺术价值

4. 天禄、麒麟与辟邪。

南朝陵墓石刻中的镇墓神兽主要有三种：天禄、麒麟与辟邪。三种石兽形态基本相似，均体型高大，昂首挺胸，口张齿露，目含凶光，腹部两侧有双翼，四足前后交错，利爪毕现，纵步若飞，神态威猛庄严。由于三种神兽太过于相似，很多人都会分不清，让我们查阅相关资料，细心鉴别，将表格补充完整。

镇墓兽	造型特点	等级	艺术价值
天禄			
麒麟			
辟邪			

5. 辟邪还是貔貅？

南京火车南站外伫立着一座巨大的雕塑，欢迎着南来北往的旅客，常有外地的客人说这是一种叫貔貅的神兽。这种说法对吗？根据所学内容，给出正确答案并说出你的理由吧！

_____

_____

任务二：南朝石刻历史渊源研究

中华文化有着对世界文明兼收并蓄的开放胸怀。南朝石刻艺人在继承中国雕塑、绘画传统的基础之上，吸收来自异域的艺术元素，加以融会贯通。你能找到南朝石刻中神兽形象吸收的异域艺术元素吗？查找资料，填写下表并回答问题。

代表作品／时代	文化内涵	造型特征	与南朝神兽相似之处
战国，错金银双翼神兽，河北博物院藏			

续表

代表作品 / 时代	文化内涵	造型特征	与南朝神兽相似之处
东汉，石辟邪，洛阳博物馆藏			
公元前 724 ~ 706 年，亚述王宫的人首翼牛			
公元前 560 年左右，古希腊的带翼斯芬克斯			

除了神兽，南朝石刻中的石柱造型也值得我们深入探究。请大家结合资料，想一想：南朝石刻的产生受到了哪些艺术和文化的影响？又是如何形成自己独特的艺术特点的？对我国后来的建筑和雕刻艺术产生了哪些影响？

任务三：南京南朝石刻资源的开发与保护

南京的南朝石刻集中代表了南京六朝古都的神韵，同苏州园林、徐州汉画像石并称为"江苏文物三宝"，具有多方面的价值。但是由于岁月蚕食、环境污染、人为破坏、工程基建等因素，南朝石刻也受到了一定的破坏。长期以来，对于如何保护南朝石刻，专家在"就地保护"和"集中保护"两种方案上一直争论不休。

"就地保护"派认为：石刻立于陵墓神道左右，与陵墓合为一体，搬走石刻，文物的原有

生态就消失殆尽了。

"集中保护"派认为：原址保护没有错，却不具备可操作性。原址是露天环境，就地保护既加速文物损害的速度，又没有保护好石刻所在的环境，应将现存六朝石刻搬迁，集中保护展示。

你认同哪种保护方案？请各组在前期研究成果的基础上，分析南京南朝石刻保护的现状和面临的问题，商讨保护方案，撰写报告并汇报。

研究报告
南京南朝石刻保护现状：
南京南朝石刻保护面临的问题：
南京南朝石刻保护方案：

任务四：南朝石刻橡皮章雕刻体验

选择一个你喜欢的南朝石刻艺术形象，提炼出线稿，并用橡皮章雕刻的方式对其进行二次创作。

（1）雕刻工具材料：刻刀、橡皮章。

（2）雕刻内容：石刻形象、石刻局部图案均可。

（3）雕刻步骤：① 提炼线稿，绘制草图；② 用转印纸转印；③ 用阴刻或阳刻的方式表现；④ 拓印。

例：

提炼线稿（雕刻样图），沙景雯绘

学生作品一

学生作品二

寻访名胜古迹

六、展示与评价

1. 展示建议。

（1）各小组运用PPT（演示文稿）等形式展示小组学习、研究的过程及成果。

（2）班级举行"南朝石刻"橡皮章雕刻展，在黑板报或宣传栏中展示大家的作品。

2. 评价建议。

运用自主学习评价单，通过自评、互评和师评的方式，对学习过程及成果进行评价。

自主学习评价单				
评价维度	评分内容	自评 （0-5分）	组内评 （0-5分）	师评 （0-5分）
知识水平 （15分）	你是否了解南朝石刻产生的历史背景？			
	你是否理解南朝石刻特有的艺术特点和文化价值？			
	你是否掌握石刻艺术的鉴赏方法？			
创新实践 （10分）	你是否掌握提炼石刻线稿的方法？			
	你是否掌握橡皮章雕刻的基本方法？			
合作参与 （15分）	在本次活动中，你是否能够主动参与每个学习任务并积极思考？			
	在团队活动中，你是否能够尊重他人意见，实现和团队成员的互助合作？			
	你是否能够站在客观公正的立场上对自己或他人的作品进行评价和分析？			
自我评价 （10分）	如果让你为自己/本组的作品打分，你会打几分？			
	如果让你为自己在学习活动中的综合表现打分，你会打几分？			
总分 （50分）				
本次活动中，你有哪些收获或想法？				
在活动过程中，你遇到哪些困难，是如何解决的？				
你对本次活动还有哪些意见和建议？				
教师点评				
总评	优秀（　）良好（　）合格（　）不合格（　）			

七、活动反思

本次活动以研究南京南朝石刻为主题。学生通过资料收集、实地探究，首先对南京南朝石刻有了一个宏观的认识，再通过任务二对比分析环节中的学习任务，分别从横向和纵向将南朝石刻和同一时期其他地域的作品以及不同时期其他相关联的作品进行对比，找出南朝石刻的显著特征。在学习的过程中，学生通过对比发现：以辟邪为代表的南朝石刻既有博大雄浑、朴拙凝重的汉代风格，又散发着南方优雅华美、浪漫活泼的艺术气息，是我国古代石刻的杰出代表。之后，以开放式的问题探讨加深学生对南朝石刻开发保护的理解，引导学生关注身边的文化遗产。在最后的艺术实践环节，我们选择了学生非常熟悉的橡皮章雕刻，让学生通过这样一种二次创作的方式，体验艺术创作的乐趣，向古代工匠致敬。

八、拓展链接

王南.六朝遗石［M］.北京：新星出版社，2018.

章孔畅.南朝陵墓石刻渊源与传流研究［M］.南京：东南大学出版社，2011.

网站：六朝博物馆官网。

005

寻访名胜古迹

高城深池　明代城墙

学科：美术、语文、历史　　知识点：文创设计、绘画

城市的守卫者——城墙

"城墙"在中国的文化语境和文明符号体系中有着崇高的地位。《世本》《史记》《汉书》等都把筑"城"指向建造城墙，或也包括城壕。当一座城市有内、外两道城墙时，则内城墙谓之"城"，外城墙谓之"郭"，"筑城以卫君，造郭以守民"。这些理念直到明清时期仍在沿用。也可以说，没有城墙及城壕，就没有中国古代的"城市"概念。

中国古代城市营建中有城墙是常例，无城墙是特例，这一特征一直延续到明清时代。同时，中国还以都城城墙为标准，构建了以"礼"为核心的有着等级制度的封建城墙制度，此即《左传·郑伯克段于鄢》中祭仲所说的"先王之制，大都不过参（叁）国之一，中五之一，小九之一"。因此，城墙是理解中国古代国家文明及文明治理体系的重要视角。

当然，城墙对古代城市而言，绝不是简单的一道墙体或一种线状文物，它关系到城市选址、城市规模、城市布局规划、城门与城市内外交通（含陆、水交通）、城壕与城市给排水、城市防洪、城区与郊野分界、城墙与城市军事攻防技术等许多方面。至于城墙本身，包括墙体、城壕、马面、城门、城楼、角楼等，则涉及工程技术、材料、形态、结构、工艺、制度、设计、相关历史人物和事件、现代保护与利用、中外城墙比较等问题。故此，城墙作为中国古代城市最重要的遗产形态之一，只有展开专门的调查研究，才能够揭示它的历史、科学、艺术、文化、文明、社会、环境、经济、情感等各种价值；才能明确当今保护与利用的原理、要求、方向、技术、内容等；才能真正讲好和传播城墙故事，让城墙遗产为人民所享用，与现代城市文明交融，从而平安地走向未来，传承永续。

（参考：贺云翱，郑孝清《中国城墙》）

晨曦中的南京明城墙

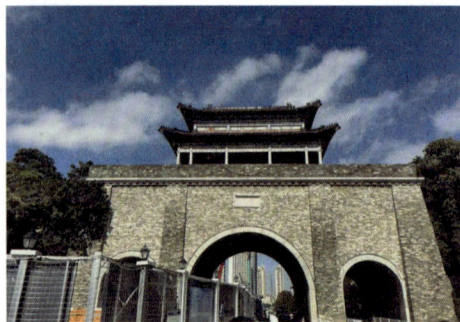

仪凤门今貌

一、活动背景

南京明城墙设计独特、气势恢宏、设施完善，是世界上规模最大的砖石砌筑的城墙。它的建造契合当时政治、经济、军事、文化的需要，体现了特有的建城理念、先进的管理模式、构思精巧的军事防御体系以及卓越的建筑技术，具有重要的历史文化价值、建筑技术价值和军事防御价值。南京明城墙现已成为南京城独一无二的风景线，是每位南京市民都应该了解、尊重和保护的文化瑰宝。

随着城市的不断发展，南京明城墙自建成至今，其历史功能及意义在不断发生变化，人们也在不断发掘其新的文化价值意义。本次活动以南京明城墙为主题，通过多重任务引导学生去参观、了解明城墙，树立保护明城墙的意识，并运用创新的理念设计一款明城墙文创产品。

二、活动目标

1. 了解中国城墙的功能、价值和历史沿革。
2. 了解南京明城墙的建造形制和建造特色。
3. 对南京明城墙的现状进行调查，运用所学知识，提出进一步开发保护的建议。
4. 完成一款明城墙文创产品的设计。
5. 加深对城墙价值的认知，激发学生对历史文化遗产的保护意识与热爱之情。

三、核心素养

图像识读	能够从造型、材料、功能及发展变化等方面了解我国城墙。
美术表现	能够运用传统和现代媒材，结合美术语言创造城墙主题视觉形象。
审美判断	能够从审美的角度认识和理解城墙的价值。
创意实践	提升创新意识，运用创意思维创作美术作品。
文化理解	从文化角度观察和理解古代城墙和现代的城墙主题艺术衍生品，感受城墙艺术特有的文化内涵和艺术魅力。

四、问题与实施

小问题	实施计划
1. 我国最早的城墙出现在什么时候？古代城墙的功能是什么？ 2. 南京地区现存有哪些城墙？是什么时候建成的？	资料搜集
3. 南京明城墙是如何分布的？建筑形制有何特点？ 4. 现存的明城墙和古代相比有了哪些变化，为什么？ 5. 南京在保护明城墙上做了哪些努力？还存在哪些不足？我们还能为保护明城墙做些什么？ 6. 结合古代诗词、绘画中的城墙，说一说城墙在我国文化中的象征意义。	实地考察 进一步搜集资料，深入探究 注重对过程性材料的收集和记录
7. 你能够用速写的方式描绘南京的城墙样貌吗？ 8. 找一找和城墙有关的文创产品，你知道设计师是如何设计出这些产品的吗？我们如何利用相关元素进行设计呢？	速写活动 文创设计

五、实施过程

任务一：追寻城墙的源头——中国城墙资料搜集

我国城墙营建历史悠久。汉代晁错《论贵粟疏》："神农之教曰：有石城十仞，汤池百步。"《史记·封禅书》："黄帝时为五城十二楼，以候神人于执期。"《史记·轩辕本纪》："黄帝筑城造五邑。"《黄帝内经》："帝既杀蚩尤，因之筑城阙。"《史记·补三皇本纪》："兄弟九人，分长九州，各立城邑。"由文献记载可见，早在新石器中晚期，我国先民已经开始筑墙建城。

考古学家在良渚遗址考古发掘中也发现了史前古城遗址。古城略呈圆角长方形，正南北方向。东西长约1770米，南北长约1900米，总面积达290多万平方米。城墙宽度20～60米，底部普遍铺垫石块作为基础，石头基础以上用较纯净的黄土堆筑，部分地段地表还残留有4米多高城墙。

1. 请同学们在文献研究的基础上，提炼中国不同时期城墙建造的特点，并尝试填写下表。

时代	建筑特点（材质、形制）	分布地区	现存代表
先秦时期			
秦汉时期			
明清时期			

2. 你们知道吗，除了我们熟悉的南京明城墙，南京还有一座距今两千多年的被称为"东吴第一军事要塞"的石头城。石头城位于清凉山一带，初建于楚威王七年（前333年），东汉建安十六年（211年），吴国孙权迁都至秣陵（今南京），在石头山原址筑城，故取名石头城。

请你对比石头城和明城墙，说说它们有什么不同？

石头城遗址

明城墙汉中门段

任务二：探秘明城墙——南京城墙历史及现状调研

1. 探寻南京明城墙的前世今生。

南京明城墙始建于1366年，历时约28年，终完成四重城垣的格局，整体包括明朝时期修筑的宫城、皇城、京城和外郭城四重城墙，现多指保存完好的京城城墙。南京明城墙总长约35公里，地面遗存约25公里，是世界最长、规模最大、保存原真性最好的古代城垣。

南京明城墙的营造一改以往都城城墙取方形或矩形的旧制，在六朝建康城的基础上，根据南京山脉、水系的走向筑城。得山川之利，控江湖之势。南以外秦淮河为天然护城河，东

有钟山为依托，北有后湖为屏障，西纳山丘入城内，形成独具防御特色的立体军事要塞。

明都城图，图片拍摄于南京城墙博物馆

在明都城图中找一找，明代的这些城墙今天还存在吗？是否发生了一些变化？请大家利用假期去南京各处城墙遗址走一走，看一看，并记录相关信息。

城墙遗址名称	例：中华门城墙（明代"聚宝门"）
区域位置	秦淮区 中华路
建造时代	1366～1386年
建造特点	使用材料为长0.8～1.39米、宽0.2米、厚0.1米左右的城砖；有三座瓮城，四道券门贯通，各门均有上下启动的千斤闸和双扇木门。
保护现状	现为城市公园，可登城墙。

2. 探究南京明城墙的结构功能。

中华门，明代称聚宝门，是明朝时期南京城的正南门，为内城城墙13个城门中规模最大的城堡式城门，也是世界上现存最完好、结构最复杂的古代瓮城城堡。请查找相关资料，利用图片实地写生，仔细观察它的建筑结构，想一想它在古代的功能。

手绘建筑结构图	功能

任务三：诗画里的明城墙——文人笔下的城墙

1. 寻找诗词里的城墙。

城墙，作为冷兵器时代的产物，不但拥有

防御的功能，更见证着历代王朝的兴衰荣辱。古往今来的文人墨客都喜爱以城墙为主题吟咏抒怀。比如诗仙李白著名的诗句"凤凰台上凤凰游，凤去台空江自流"，就是以登临凤凰台时的所见所感起兴唱叹，流传千年。你还能找到哪些和城墙有关的诗句呢？一起记录下来吧。

相关诗句与作者	历史背景与抒发情感
例：　　石头城 　　　　（唐）刘禹锡 山围故国周遭在， 潮打空城寂寞回。 淮水东边旧时月， 夜深还过女墙来。	刘禹锡写作这首诗时，大唐帝国已日趋衰败。因此，诗人借古喻今，即借六朝的灭亡，来抒发国运衰微的感叹，希望当时的统治者能以前车之覆为鉴。

2. 探寻绘画里的城墙。

除了诗词，南京城墙也在很多绘画作品中出现，你能找到这些作品并向大家做一个简要介绍吗？

作品名称	《凤凰台》　　　《石头城》
作者及朝代	（明）文伯仁
创作特点	艺术家采用"三远"法构图布景，勾、勒、皴、擦等技法皆较为细密精致，除以水墨表现外，多施浅绛、石青、花青、花绿等色彩敷染、点虱。构图疏密开合，繁简有致，笔法遒劲清脱，墨色幽秀淡雅，意境清新隽永，富有小中见大之态势。

任务四：我眼中的明城墙——手绘明城墙城门

城门是衔接城市内外的交通要道和标志，也是古代城垣攻防战中的焦点。南京城墙城门的设计与建造，在充分满足城门防御能力的前提下，追求与恢宏雄伟、形制独特的南京城垣主体

的协调，达到浑然一体、相映成趣的效果。

南京城门选址综合多方面因素，不求城垣形制上的对称。依门而设的瓮城有内、外之分，瓮城的大小、形状也各不相同。每座城门均有相当规模的敌楼，并有数道木城门。外面一道是从城头上放下来的"千斤闸"，具有坚固的防御作用；里面一道则是木质再加铁皮做成的两扇大门。在平时，行人车马都从城门洞里通过。

中华门今貌　　　　　　　　挹江门今貌

请同学们选择现存的一至两座城门，仔细观察，说一说有哪些特点，并绘制出它的样貌。

城门名称及照片	简要介绍
例：玄武门	玄武门是后世开辟的南京明城墙城门，因靠近玄武湖而得名，开辟于1908年，原名"丰润门"，初建时是单孔券门，1931年改为三孔券门。1984年，南京市人民政府为庆祝中华人民共和国成立35周年，在玄武门上加造了城楼。

我的手绘效果图
学生手绘

任务五：带得走的"城墙"——明城墙文创设计

南京明城墙，记载着六百多年前大明王朝的辉煌，是南京城的象征和城市名片之一。但随着时间的推移和城市改造需要，很多城门、城墙都消失了，而城墙这一古老的建筑形式似乎也离我们的生活越来越远。如何保护和发掘南京城特有的城墙资源，让更多的人了解和热爱城墙文化，使城墙焕发出新的活力？请同学

们开动脑筋，一起为南京城墙设计一款文创产品吧！

城墙尺子（学生作品）

设计说明：这把城墙尺子将城墙的墙垛造型和尺子结合起来，选择原木和黄铜两种材质拼合而成。上半部分的黄铜增加了尺子的分量感和历史感，让人想到城墙本身为一种防御工事，和冷兵器时代联系起来；而木质的下半部分给人一种稳重温和的感觉，消解了上半部分的冰冷感，表现出今天的南京城墙更多的是一种文化象征。尺子上标注了一些南京城门的名称，有地域特色。

　　提示：巧用"加法"设计明城墙文创产品。

　　设计中经常使用同形同构的方法，可以理解为做"加法"，即将具有相同元素的部分相结合。比如上例中的学生作品就是将墙垛造型和尺子结合起来。你能想到哪些有趣"加法"？一起来试试吧！

产品名称	
运用元素	
设计草图 （如何将明城墙元素与文创产品相结合？你设计的文创产品可以选择什么样的材质？可以增加哪些元素？请设计一幅草图，并撰写设计说明。）	
设计说明	

六、展示与评价

　　1. 举办关于南京城墙保护的辩论赛，围绕"城墙保护与城市建设哪个更重要？"或其他相关论题展开辩论。

辩论赛评分表				
评分项	评分要点	正方	反方	评分说明
审题 （20分）	观点清晰，能从逻辑、理论、事实等多角度理解辩题。			
论证 （20分）	论证有说服力、论据推理合乎逻辑、事实引用恰当。			

辩论赛评分表				
评分项	评分要点	正方	反方	评分说明
辩驳 （20分）	抓住对方要害，强化本方观点。			
配合 （20分）	有团队精神，相互支持，衔接流畅。			
语言 （20分）	语言清晰、流畅，语速适中，用词得当；尊重对手、尊重评委、尊重观众。			
团队总分				
最佳辩手	正方			
	反方			
评委签名				

　　2. 举行南京城墙文创展示与发布会。学生个人或设计团队对文创产品的设计理念、设计过程与方法、产品推广等方面进行汇报。由学生评委、教师评委进行打分。

南京城墙文创产品评分表		
产品名称：		设计师／团队：
评分维度	评价内容	得分
创新性	概念的创新性（10分）	
	产品的超前性（10分）	
	产品的独特性（10分）	
实用性	产品的竞争性（10分）	
	产品的实用性（20分）	
美观性	产品的美观性（10分）	
可行性	开发难易程度（10分）	
经济效益	投入与经济效益（20分）	
总评分		
综合点评		评委签名：

思考与探究

旧城砖的新生命

　　据不完全统计，南京明城墙修筑时使用了上亿块城砖，这些城砖在当时被称为"皇砖"

"贡砖"。由于建造时间紧，城墙烧造供应不上，明太祖朱元璋便下令周边很多地区参与城墙砖的烧造。为了在复杂的供应链上把控质量，每一块城砖上都留有铭文或款识，包含了生产年代、烧砖窑口、窑户与工匠等诸多信息，用于检验产品质量，如果城砖出现问题可以方便追责。这是古代"物勒工名"实名职责制度下的产物。南京城砖铭文记录的海量信息，为后世留下了一个包罗万象的"明代史料库"。

随着城市发展的进程和历史的变迁，很多城墙砖脱离了原有的城墙形态，散落各处。

参观南京城墙博物馆，观察城砖上的文字，思考以下几个问题。

1. 铭文主要分布在城砖的什么位置？

_____

2. 城砖上的铭文主要有哪些书体？

_____

3. 城砖上的铭文方式有哪些？

_____

4. 你对城墙砖的开发利用和保护有什么想法？

_____

_____

七、活动反思

城墙承载着一个城市的历史，南京明城墙是我国乃至世界的文化瑰宝。本次活动围绕南京明城墙展开，将明城墙置于历史长河之中，探源中国城墙文化，了解我国五千年文明史。在探秘南京明城墙的环节中，鼓励学生在文献研究的基础上实地考察，找出南京明城墙独一无二的建造特色，并关注城墙保护现状。在艺术实践的环节中，用文创设计将古老的城墙和当代生活联系起来。在展示与评价中引导学生关注与文物的开发与保护相关的现实问题，树立正确的文物保护意识，成为中华文化的传承者和守卫者。

八、拓展链接

叶兆言. 南京传 [M]. 南京：译林出版社，2019.

叶兆言. 仪凤之门 [M]. 北京：人民文学出版社，2022.

贺云翱，郑孝清. 中国城墙 [M]. 南京：江苏人民出版社，2019.

网站：南京城墙网。

中西交融　民国建筑

学科：美术、历史、地理　　知识点：建筑鉴赏、建筑写生

南京的民国建筑

南京保留有数以千计的民国建筑，这些民国建筑有官方营建，也有民间私宅，有西方古典主义、新古典主义、新民族主义等众多建筑样式，规格高、类型全，堪称是民国建筑的大本营。

1928 年，为配合孙中山灵柩安奉中山陵，南京市内开始修建第一条柏油马路——中山大道，北起下关江边的中山码头，东到中山门。如今，行走于中山路，仍可以看到沿路散布着众多民国建筑。

1929 年年底，国民政府制订的《首都计划》正式公布，这是我国历史上第一部按照国际标准制订的城市规划，明确指出南京的城市建筑"以采用中国固有之形式为最宜，而公署及公共建筑物，尤当尽量采用"。这一规定，深深地影响着南京民国时期的建筑风格。

南京现存的民国建筑大致可分为六类：一是行政建筑，如总统府、考试院、检察院等旧址；二是公共建筑，如国立美术陈列馆、博物院、中央体育馆等旧址；三是私人住宅，如美龄宫等；四是公共纪念类，如中山陵、中山音乐台等；四是文教建筑，如中央大学、金陵女子大学等旧址；五是宗教建筑，如石鼓路天主教堂；六是商业建筑和火车站，如南京浦口火车站等。这些民国建筑散落于城市各处，与如今的南京城市建设融为一体，与南京人的生活息息相关，使我们时至今日仍能时常领略并惊叹于吕彦直、杨廷宝、童寯等中国建筑师的大胆尝试和伟大智慧。

民国时期的南京新街口

民国时期最高法院旧址

中山陵今貌

总统府今貌

小问题	实施计划
4. 民国建筑的风格有何特点？为什么会呈现这些特点？	资料搜集
5. 南京民国建筑按功能可以分成哪几类？分别有哪些代表性建筑？	实地考察
6. 请你选择一座典型的民国建筑，从区域位置、主要功能、艺术风格、建筑材料、色彩运用等方面进行全面分析。	进一步搜集资料，深入探究
7. 民国建筑有什么现代意义？	注重对过程性材料的收集和记录
8. 建筑速写的步骤和方法。	建筑速写
9. 如何结合南京民国建筑分布和特色，设计一条民国主题的旅游线路？	设计创新

一、活动背景

　　民国时期的建筑是中西交融的结果，同时也是民国建筑师们在中西文化交流碰撞的影响下不断学习和探索的成果。对民国建筑风格研究的重点在于研究建筑设计的手法，以及当时的设计师对传统文化的继承态度。

　　本次活动以考察、探寻民国建筑为主题，带领学生一起拨开历史的迷雾，发掘南京民国建筑的艺术价值。这些历史建筑经历了时代的变迁，见证了南京的城市发展与变化。民国建筑是南京的一张名片，作为南京市民，我们有责任了解和保护民国建筑，延续城市的历史文脉。

二、活动目标

　　1. 了解民国建筑的历史背景、发展历程。

　　2. 了解民国建筑的建筑风格和艺术特点。

　　3. 了解南京民国建筑的整体规划、现存情况及艺术价值。

　　4. 学会用速写的方式记录建筑样貌。

　　5. 设计南京民国建筑旅游规划路线图，并探讨其合理性。

三、核心素养

图像识读	能够结合我国建筑发展的时代变化，从建筑造型、材料、功能等方面了解民国建筑。
美术表现	能够运用速写等绘画方式表现建筑造型。
审美判断	认识和理解民国建筑的历史价值和艺术价值，培养基本的审美能力。
文化理解	从文化角度观察和理解民国建筑，感受民国建筑特有的文化内涵和艺术魅力。

四、问题与实施

小问题	实施计划
1. 民国建筑产生的历史背景是什么？ 2. 民国建筑的发展经历了哪些阶段，分别有怎样的特点？ 3. 南京现存有哪些民国建筑？主要分布在哪些区域？	资料搜集

五、实施过程

任务一：照片里的记忆——寻找历史中的民国建筑

　　民国是中国近现代历史上的变革时期，中西文化的激烈碰撞，使中国社会在各个方面都呈现了全新的形态，中国建筑在这一时期也进入了一个急剧变化的阶段，诞生了今天我们所说的民国建筑。

上海外滩

哈尔滨民国建筑

青岛八大关

天津民国建筑

　　1. 搜集我国不同城市民国建筑的相关资料，想一想，民国建筑在建筑造型上有什么特点？

_____

_____

　　2. 与中国古典建筑相比，民国建筑呈现了哪些新的特点？

建筑类型	历史时期	建筑材料	建造风格	艺术特色与价值
古典建筑	1912 年以前			
民国建筑	1912—1949 年			

任务二：历史与现实的邂逅——我们身边的民国建筑

南京现代城市的建设可以追溯至洋务运动时期，民国初年，也曾制订、实施过多个城市规划方案。1929 年底，国民政府正式公布了南京城市总体规划《首都计划》，该计划聘请美国建筑师墨菲和工程师古力治主持，中国建筑师吕彦直相助。该计划以"本诸欧美科学之原则，而于吾国美术之优点"作为指导方针，在宏观上采用欧美城市规划理念，在微观上保持中国传统营建形制。计划强调"民族主义规划论述"，一方面采取雄伟壮丽的空间形式，延续了中华民族的传统；另一方面广泛采用中国传统的宫殿式建筑风格，南京此后出现了一批在外观上保持传统、内部结构为现代式样的"大屋顶"建筑。

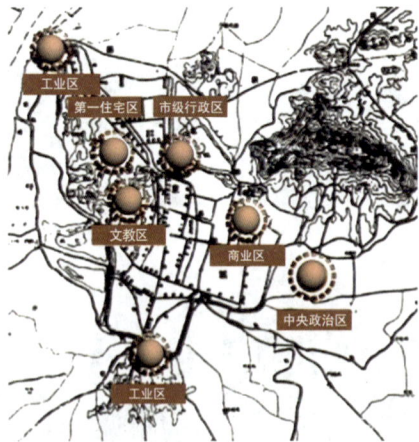

《首都计划》中的规划示意图

1. 《首都计划》将南京划为 6 个区——中央政治区、市级行政区、工业区、商业区、文教区、住宅区。与同伴一起查找资料，对照现在的南京地图，找一找这六个区域分别在哪里？

2. 在南京，你见过哪些著名的民国建筑？你还记得是在哪里见到的吗？若要进行实地考察，你们小组准备重点考察哪个区域？

20 世纪 50 年代，曾在南京颐和路一带居住过的著名作家张守仁曾说过："颐和路是中国最美的街道！"南京颐和路上绿树成荫，环境优雅，是国民政府设计的第一住宅区，也是民国重要历史人物与外国使领馆所在地。

任务三：分析与探究——民国建筑艺术特色

1. 南京现存民国建筑 1000 余座，请你按照以下表格中的建筑类别找出代表作品，分析其建筑风格和艺术特色，完成表格。

分类	代表作品	建筑风格	艺术特色	其他相关信息
行政建筑				
公共建筑				
私人住宅				
公共纪念				
文教建筑				
宗教建筑				

2. 中山陵是我国近代伟大的民主革命先行者孙中山先生的陵寝及其附属纪念建筑群，陵寝面积占地 8 万余平方米，由著名设计师吕彦直设计，被誉为"中国近代建筑史上第一陵"。

查找相关资料，了解中国传统陵墓建筑形制，从区域位置、主要建筑、艺术风格、建筑材料、色彩运用等方面说一说中山陵在设计上的传承与创新。

民国时期的中山陵航拍

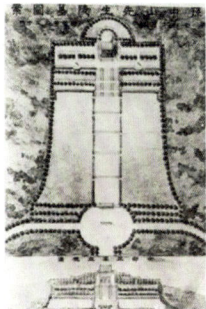

中山陵设计图

中山陵今貌

中山音乐台今貌

区域位置：_____

主要建筑：_____

艺术风格：_____

建筑材料：_____

色彩运用：_____

任务四：有趣的旅行记录——手绘南京民国建筑

建筑速写是一种直接以建筑风景为对象进行描绘的作画方式，也是一种有趣的生活记录方式。我国第一代建筑大师梁思成就是一位建筑速写高手。从 1932 年起，他和林徽因等人先后赴山西、河北、陕西、山东等十五个省考察，测绘和拍摄了大量唐、宋、辽、金、元、明、清时期保留下来的古建筑遗存。在考察的过程中，他也绘制了大量的建筑手稿，成为我们今天研究古代建筑的宝贵财富。

梁思成 《山西应县木塔》

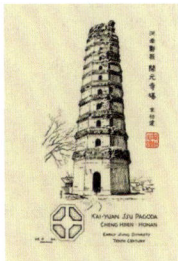

梁思成 《河南郑县开元寺塔》

1. 结合大师作品，想一想，我们在画建筑速写的过程中有哪些需要注意的地方？

_____

_____

2. 尝试为你喜欢的南京民国建筑画一张建筑速写作品吧！

我的作品
例： 《金陵制造局》 沙景雯绘
作品介绍

任务五：于行走中探寻——南京民国建筑旅游路线设计

一座南京城，半部民国史！南京有着丰富的民国建筑资源，如果有外地的朋友来南京旅游，请你做导游，你准备带他去哪里寻访民国建筑呢？请大家结合小组考察成果，为外地游客设计一条合理的民国建筑旅游路线吧！

南京民国建筑游设计	
游览名称	
简要介绍	
游览时间	
线路设计	

参考案例："民国子午线"徒步旅游线路设计

线路简介：

中山大道，指的是从今日的南京城北的中山码头至城东的中山门，也就是 1929 年孙中山灵柩奉安大典途经的路线，即今天的中山北路、中山路以及中山东路全线。

本条线路为中山东路线，中山东路系东西走向的主干道，西起新街口广场，东至中山门，道路两边有高大的梧桐树，沿线有多处优秀民国建筑，是南京民国建筑的最佳观赏地之一。

本路线全长 5 公里左右，步行游览预计时长为 2.5～3 小时。

游览顺序	地点	原址	备注
1	中山东路 1 号	交通银行南京分行大楼	现为中国工商银行
2	中山东路 3 号	浙江兴业银行南京分行	现为中国银行
3	中山东路 75 号	中央通讯社	不对外开放，可观赏外观
4	中山东路 128 号	国民政府财政部　孔祥熙公馆	部队家属大院，可观赏外观
5	中山东路 145 号	国民政府经济部	现为南京市体育局
6	中山东路 237 号	中央饭店	中央饭店，可参观
7	中山东路 305 号	中央医院	东部战区总医院病房大楼
8	黄浦路 1 号	国民政府卫生部	东部战区总医院办公楼
9	中山东路 307 号	励志社	现中山宾馆内，可参观
10	中山东路 309 号	国民党中央党史史料陈列馆	中国第二历史档案馆，不对外开放，可观赏外观
11	中山东路 313 号	国民党中央监察委员会	不对外开放，可观赏外观
12	中山东路 321 号	国立中央博物院	南京博物院大殿，免费开放
13	中山门		

寻访名胜古迹

六、展示与评价

1. 举办民国建筑速写作品展或民国建筑摄影展。

2. 举行民国主题旅游路线发布会。运用 PPT 等方式展示汇报本组民国建筑考察过程、实践收获，以及民国建筑旅游线路设计方案、推广价值等。由学生评委、教师评委进行评分。

七、活动反思

民国时期的南京城是国家政治、经济、文化中心，这就意味着当时它的建筑设计是

民国建筑游览线路设计评分表		
评分项	评分内容	得分
线路的主题及文化价值（20分）	线路有历史价值、文化价值、艺术价值。	
线路的合理程度（20分）	游览路径规划合理，可从景点之间距离合理程度、公共交通便利程度、线路流畅程度、景点密集度等方面考量。	
游览体验度（40分）	游客在实际游览过程中的综合体验度，如建筑风貌、周边环境、具体耗时、餐饮配套、其他附加体验等。	
线路的创新性和可推广性（20分）	线路的独特性和创新性，即市场是否已有类似线路、线路服务的主要人群定位是否明确、群体接纳程度等。	
总分与综合评价		评委签名：

走在全国前列的。一方面，这些建筑采用"中国固有之形式"，另一方面，又借鉴西方建筑的设计思路。可以说，南京民国建筑是中国近代建筑的缩影和杰出代表。这些精美的建筑就在我们的身边，很多学生常常路过、看过，却并不了解，不得不说是一个遗憾。

在任务设计上，一方面强调将南京民国建筑同我国传统建筑进行对比，另一方面又将不同风格的南京民国建筑进行对比，引导学生发现"古为今用、洋为中用"的建造特色和创新之处。最后以为外地朋友设计一条特色民国建筑旅游线路这样一个开放性的活动，让学生从旅行者的角度出发，设身处地地进行旅行规划。学生在研学中了解家乡的历史文化，树立"城市小主人"的意识，更加热爱自己的家乡。

拓展活动

打卡最美民国风校园

文教建筑是南京民国建筑的重要类型，如金陵大学旧址（现南京大学鼓楼校区）、金陵女子大学旧址（现南京师范大学随园校区）、中央大学旧址（现东南大学四牌楼校区）等，你还知道哪些高校拥有民国建筑吗？你知道这些建筑的艺术风格吗？带上小伙伴们一起，去南京各大高校找一找，看一看吧！

南京大学鼓楼校区北大楼

南京师范大学随园校区会议楼（100号楼）

东南大学四牌楼校区图书馆

八、拓展链接

刘屹立，徐振欧.南京民国建筑地图［M］.南京：江苏凤凰科学技术出版社，2018.

张燕.南京民国建筑艺术［M］.南京：江苏科学技术出版社，2000.

刘丹，赵峰.民国建筑［M］.太原：山西教育出版社，2015.

虎踞龙盘　金陵胜景

学科：美术、历史　　知识点：鉴赏、手绘风景

跟着《儒林外史》游南京

《儒林外史》是清代吴敬梓创作的长篇小说。吴敬梓长期居住在南京，书中随处可见对南京风物的描写，堪称一部清代南京城的风物志。让我们跟着吴敬梓《儒林外史》中对南京名胜的描写，一起走进三百年前的南京城。

秦淮河

城里一道河，东水关到西水关，足有十里，便是秦淮河。水满的时候，画船箫鼓，昼夜不绝。城里城外，琳官梵宇，碧瓦朱甍，在六朝时是四百八十寺，到如今何止四千八百寺！大街小巷，合共起来，大小酒楼有六七百座，茶社有一千余处。不论你走到哪个僻巷里面，总有一个地方悬着灯笼卖茶，插着时鲜花朵，烹着上好的雨水。茶社里坐满了吃茶的人。到晚来，两边酒楼上明角灯，每条街上足有数千盏，照耀如同白日，走路人并不带灯笼。那秦淮到了有月色的时候，越是夜色已深，更有那细吹细唱的船来，凄清委婉，动人心魄。两边河房里住家的女郎，穿了轻纱衣服，头上簪了茉莉花，一齐卷起湘帘，凭栏静听。所以，灯船鼓声一响，两边帘卷窗开。河房里焚的龙涎、沉、速，香雾一齐喷出来，和河里的月色烟光合成一片，望着如闻苑仙人、瑶宫仙女。还有那十六楼官妓，新妆衯服，招接四方游客。真乃"朝朝寒食，夜夜元宵"！

玄武湖

这湖是极宽阔的地方，和西湖也差不多大。左边台城望见鸡鸣寺。那湖中菱、藕、莲、芡，每年出几千石。湖内七十二只打鱼船，南京满城每早卖的都是这湖鱼。湖中间五座大洲：四座洲贮了图籍，中间洲上一所大花园，赐与庄征君住，有几十间房子。园里合抱的老树，梅花、桃、李、芭蕉、桂、菊，四时不断的花。又有一园的竹子，有数万竿。园内轩窗四启，看着湖光山色，真如仙境。门口系了一只船，要往那边，在湖里渡了过去。若把这船收过，那边飞也飞不过来。

雨花台

萧金铉道："慎卿兄，我们还到雨花台岗儿上走走。"杜慎卿道："这最有趣。"一同步上岗子，在各庙宇里见方、景诸公的祠，甚是巍峨。又走到山顶上，望着城内万家烟火，那长江如一条白练，琉璃塔金碧辉煌，照人眼目。……坐了半日，日色已经西斜，只见两个挑粪桶的，挑了两担空桶，歇在山上。这一个拍那一个肩头道："兄弟，今日的货已经卖完了，我和你到永宁泉吃一壶水，回来再到雨花台看看落照。"杜慎卿笑道："真乃菜佣酒保都有六朝烟水气，一点也不差！"当下下了岗子回来。

一、活动背景

南京是一座历史文化名城，这里钟灵毓秀、虎踞龙盘，不但有着丰富的自然资源，更有着深厚的人文底蕴。明太祖朱元璋定都南京以后，南京更是成为文人雅士聚集之地，文人笔下的"金陵胜景"便应运而生。

本次活动，学生将在学习任务的引领下，了解历史上的"金陵四十八景"及其背后的人文故事，鼓励学生从自己的视角出发，在继承和弘扬传统的同时，关注新时期家乡的发展，发掘当代南京的自然及人文景观，并尝试进行绘画创作。通过这样的活动设计，将文学、绘画与城市自然、人文景观结合起来，感受自然与艺术的交融，传统与现代的碰撞。从而使学生在传统中创新，在实践中成长，提升审美水平和实践能力，产生热爱家乡、热爱优秀传统艺术的美好情感，成长为中国文化的传承者和发扬者。

二、活动目标

1. 了解"金陵四十八景"的历史由来、代表画家和代表作。

2. 了解古代山水画的主题、风格、表现手法。

3. 考察并发掘当代南京有代表性的自然及人文景观。

4. 学习并借鉴古代山水画的表现手法，尝试运用现代绘画语言和方式进行风景名胜的表现。

5. 提升学生的实践能力和创新能力，激发学生热爱自然、热爱家乡的美好情感。

三、核心素养

图像识读	了解和感受古代艺术家表现城市景观的媒介、技法和艺术风格。
美术表现	提升空间意识和造型意识，能够运用多种材料围绕学习主题进行美术表现。
创意实践	培养创新意识，运用创意思维，结合当代城市景观创作美术作品。
文化理解	从文化角度观察和理解古人笔下的金陵胜景，感受其特有的文化内涵和艺术魅力。

四、问题与实施

小问题	实施计划
1. 你知道"金陵四十八景"的由来吗？其背后有着怎样的故事？ 2. 你能找到古代艺术家描绘金陵胜景的作品吗？他们的创作手法和艺术特色是怎样的？	资料搜集
3. "金陵四十八景"现在有怎样的变化？	实地考察
4. 今天的艺术家是如何表现城市景观的？	进一步搜集资料，深入探究
5. 结合你的生活，你觉得还有哪些景观可以入选"金陵四十八景"？	注重过程性材料的收集和记录
6. 风景画有哪些表现方式？我们如何用现代绘画语言对金陵胜景进行创新表现？	创作实践

五、实施过程

任务一：探寻"金陵四十八景"的古与今

1. 搜集资料，了解"金陵四十八景"这一说法是从何时开始出现的？

———————————————————

———————————————————

2. 2012年，南京市评选了"新金陵四十八景"，搜集相关资料，比一比，"新金陵四十八景"相较以前的"金陵四十八景"，有哪些景观消失了，又出现了哪些新的景观？你认为为什么会出现这些变化？

———————————————————

———————————————————

3. 从2012年评选"新金陵四十八景"至今已有十余年，我们生活的城市又有了很大的变化，出现了很多新的景观。如果让你推荐，你觉得哪些景观可以收录进南京的新胜景呢？说一说你的推荐理由吧！

我推荐的景点名称	景点介绍	推荐理由

任务二：寻找画家笔下的"金陵胜景"

1. 古代画家笔下的"金陵胜景"。

明代大画家文徵明画过《金陵十景图》，可惜没能保存下来。他的侄子文伯仁，也是吴门画派代表人物之一，曾因避乱举家迁至金陵，绘制了《金陵十八景图》（又名《金陵山水册》）。此外，明代画家黄克晦的《金陵八景图》、郭存仁的《金陵八景》，民国画家陈作仪的《金陵四十八景》都对金陵胜景有过精彩描绘。

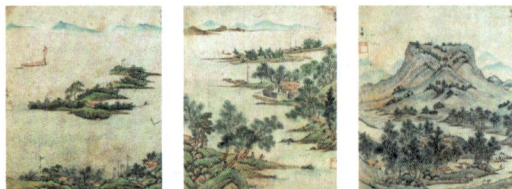

白鹭洲　　长干　　方山

明，文伯仁《金陵十八景图》（部分）

石城霁雪　　凤台月夜　　白鹭春潮

明，黄克晦《金陵八景图》（部分）

石城瑞雪　　白鹭晴波

明，郭存仁《金陵八景》（部分）

雨花台　　狮子山

民国，陈作仪《金陵四十八景》（部分）

除了以上直接表现"金陵十景""金陵八景""金陵四十八景"的画作，还有清代宫廷画师谢遂、杨大章、冯宁分别以金陵城的风貌为主题创作的三幅《金陵图》。

清，冯宁《仿杨大章画〈宋院本金陵图〉》（局部），纸本设色，纵 35 厘米、横 1050 厘米，德基艺术博物馆藏

比较并分析，《金陵图》与"金陵 × 景图"，在构图形式、创作手法上有何不同？

_____

_____

_____

2. 近代画家笔下的金陵胜景。

徐悲鸿、傅抱石都是中国近现代著名画家、教育家，他们都曾生活工作于南京，也画了一些和南京有关的作品。和古代艺术家的作品相比，这些作品呈现了哪些新的特点？完成下面的表格。

作品名及其作者	作品	作品特点
徐悲鸿《速写》，1928 年		
傅抱石《虎踞龙盘今胜昔》，1964 年		
傅抱石《雨花台颂》，1960 年		

任务三：找一找表现金陵胜景的其他艺术作品

除了国画这一表现形式，你还能找到表现南京风景的其他绘画种类的艺术作品吗？搜集

寻访名胜古迹

相关资料，和大家分享一下吧！

作品名及作者	表现内容	表现手法

任务四：我创作的"金陵四十八景"

明代，朱之蕃在其编撰的《金陵四十景图像诗咏》中，选定了"钟阜风云"等四十景编册，并由陆寿柏绘图。到了清代，"金陵八家"之一的高岑编绘了《金陵四十景图》，徐上添在高岑的基础上增加了"珍珠浪涌"等八处景观，编绘了《金陵四十八景》。到了民国时期，又有徐寿卿编、韵生绘的《金陵四十八景全图》出版发行。

朱之蕃，陆寿柏《金陵四十景图像诗咏》之"秦淮渔唱"

高岑《金陵四十景图》之"清凉山"

徐上添《金陵四十八景》之"灵谷深松"

徐寿卿编，韵生绘《金陵四十八景全图》之"雨花说法"

1. 观察这些图册中的作品，说说它们在形式、内容、风格、表现手法方面有什么特点？

_____

_____

_____

2. 选择一幅"金陵四十八景"作品，将其临摹在扇面上，并尝试用国画或水彩为其上色。小组讨论，要绘制一个完整的扇面，需要经过哪些步骤，并填在下表中。

作品示例

绘制步骤：

3. 我们还能用哪些绘画方式来表现城市风景呢？一起来尝试一下吧！

学生作品《紫峰大厦》吴思齐

学生作品《鸡鸣寺》董天航

学生作品《古今南京》尤子妍

六、展示与评价

1. 举办"金陵四十八景"扇面秀。建议结合节日主题或学校活动，运用综合表演的形式（如诗词吟咏、歌曲演唱、课本剧表演、国风走秀等），将绘有"金陵四十八景"的扇子展示出来。

2. 举办"我心中的金陵四十八景"手绘作品、摄影作品展。

3. 运用学习反馈单，通过自评、互评和师评的方式，对学习过程及成果进行评价。

我的学习反馈单
1.请你结合本次活动，说一说古代艺术家创作的"金陵四十八景"在今天的文化和艺术价值。
2.结合已有知识，说一说古代艺术家在表现风景时的创作手法和艺术特色？
3.当代艺术家在表现城市风貌时，有了哪些新的创作方式？
4.你在创作过程中遇到了哪些困难？你是如何解决的？
5.你创作的城市风景画运用了什么工具材料和表现手法？你对作品的哪个方面最满意？
6.如果满分是100分，你为自己的作品打（　　）分。也可以在下面的评价中打"√"。 非常优秀（　　）　　比较优秀（　　） 一般（　　）　　不太满意（　　）

七、活动反思

本次活动选择了学生非常熟悉的题材——家乡的风景名胜。结合南京地方美术资源，设置对古代"金陵四十八景"由来的考察，对比古今城市风貌之变化，感受新时代城市的迅速发展。在绘画实践中，一方面临摹古人笔下的"金陵四十八景"，在扇面上进行二次创作，另一方面，鼓励学生运用更加丰富的表现方式，展现今日家乡面貌。这样从临摹到创作的过程，降低了学习难度，也让学生在临摹的过程中学习了古人描绘山水的方法，并将其运用到自己的创作上。在评价环节，我们举办了一个校内作品展，将学生创作的作品展示在了宣传栏中，收到了很好的效果。

八、拓展链接

〔明〕朱之蕃编，〔明〕陆寿柏绘.金陵四十景图像诗咏〔M〕.南京：南京出版社，2012.

〔清〕高岑编绘.金陵四十景图〔M〕.南京：南京出版社，2012.

〔清〕徐上添编绘.金陵四十八景〔M〕.南京：南京出版社，2012.

徐寿卿编，韵生绘.金陵四十八景全图〔M〕.南京：南京出版社，2012.

陈茂荣.青绿山水画日课〔M〕.福州：福建美术出版社，2023.

人间飞虹　姑苏古桥

学科：美术、语文、历史　　知识点：封面设计、建筑艺术

寻访姑苏古桥

君到姑苏见，人家尽枕河。

古宫闲地少，水港小桥多。

夜市卖菱藕，春船载绮罗。

遥知未眠月，乡思在渔歌。

历代描写苏州城建筑特色的诗句，以唐代杜荀鹤《送人游吴》最为著名。苏州古城是全国首个，也是目前唯一一个国家历史文化名城保护区，被授予全球首个"世界遗产典范城市"称号。苏州河网密布，是我国桥梁最多的城市，苏州的桥，是诗，是画，是歌，也是江南文化的代言。

苏州古城镶嵌在京杭大运河边，古城内的古桥，承载着运河两岸的历史记忆，宝带桥、吴门桥、枫桥、万年桥等，都是运河千年文化的"活档案"。除古桥外，京杭大运河上一座座现代桥梁，无不造型别致，匠心独运，它们继承传统文化，运用现代新材料，展现着现代造桥技术的古今交融，已成为苏州水陆并行的交汇点，展现着水韵苏州的现代风情。

2021年初，苏州正式启动"运河十景"建设，形成吴门望亭、浒墅关、枫桥夜泊、平江古巷、虎丘塔、水陆盘门、横塘驿站、宝带桥、石湖五堤、平望·四河汇集等十大运河文化地标。

小桥流水人家

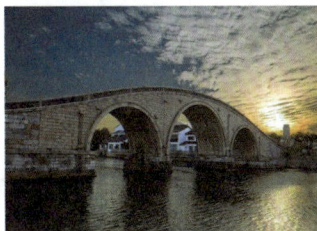

万年桥

枫桥

太湖大桥

胥虹桥

如意桥（渔网桥）

本篇作者：苏州高新区第一初级中学　张君琳

一、活动背景

与世界上的许多人造景观相比，桥是长寿的。当我们只能从秦汉简帛、汉唐文献中去想象逝去的景观时，古桥却目睹并记录了姑苏城的历史，留下了令人动容的岁月痕迹。

桥畔的生活是如此闲适安逸，令人留恋，以至于多少人用飞扬的文字、绚烂的画笔、优美的唱词、生动的镜头来将它描绘颂扬。苏州古桥里，蕴藏着物质文化、精神文化，诉说着历史、文化、艺术、政治、宗教、社会民俗等无尽的内涵。可以说，桥是苏州的城市名片，桥是苏州的文化符号。

本活动从核心素养本位出发，以"人间飞虹　姑苏古桥"为主题，通过深入解读《姑苏繁华图》，了解苏州桥梁的前世今生，创设有助于实现艺术学科核心素养目标的社会现实问题情境。引导学生在充分了解苏州桥的基础上，结合已有的书籍设计知识，设计以"苏州桥"为主题的图书封面，掌握书籍封面创意设计方法，表达对家乡桥文化资源的热爱与珍视。

二、活动目标

1. 了解苏州桥梁的历史和文化。

2. 解读《姑苏繁华图》中的各式桥梁，了解清代苏州桥梁建筑样式。

3. 对比古桥旧貌和现状，体会历史文化遗产保护的价值。

4. 学习图书封面设计要素，绘就自己心目中的苏州桥，并融入封面设计，助力文化传承和古城保护。

三、核心素养

图像识读	能够从造型、材料、功能及发展变化等方面了解苏州桥。
美术表现	能够运用传统和现代媒材，结合美术语言创造苏州桥视觉形象。
审美判断	认识和理解苏州古桥的历史、文化、审美价值，培养基本的审美能力。
创意实践	形成创新意识，运用创意思维进行图书封面设计。
文化理解	感悟中国古代工匠的智慧，感受苏州古桥特有的文化内涵和艺术魅力。

四、问题与实施

小问题	实施计划
1. 你了解我国古代的桥梁吗？你能举例介绍一些我国古代著名桥梁吗？	资料搜集
2. 你知道苏州有哪些著名的古桥？这些古桥是如何命名的吗？	名作赏析
3.《姑苏繁华图》中有哪些苏州著名古桥？它们的建筑式样如何，在清代人的生活中起到什么作用？	
4. 你身边有苏州古桥吗？苏州古桥的保存现状如何？你能理解桥梁文化传承和保护的意义吗？	实地考察 进一步搜集资料，深入探究
5. 今天的桥梁和古代相比发生了哪些新的变化？我们可以从哪些方面进行对比呢？	注重对过程性材料的收集和记录
6. 你能结合所学知识，为"苏州桥"主题图书设计一个美丽的封面吗？	封面设计

五、实施过程

任务一：苏州古桥的前世今生

据明、清两代《苏州府志》记载，明代苏州有桥梁311座，清代有310座。在漫长的岁月里，苏州古桥形成了多、古、秀、趣四大特色。

"多"是指苏州的桥数量多。苏州自古以来地势低洼、河网密布、水源充沛，连接两岸的纽带——桥自然多。

"古"是指苏州的桥每一座都有它的来历。苏州是吴文化的发祥地之一，有着三千年的吴文化根基。苏州古城内，现存70座古桥梁，22处古驳岸。

"秀"是指苏州桥的结构造型别致，多姿多彩，精巧秀丽，大桥、小桥、拱桥、平桥、旱桥、纤桥、曲桥、廊桥、亭桥、暖桥、踏步桥、过街桥，林林总总，千姿百态，每一座桥有每一座桥的风韵、每一座桥的特色。

"趣"是指桥文化在桥名上的体现。与神话有关的柳毅桥、饮马桥、乘鱼桥、望星桥等；与名人有关的泰让桥、至德桥、吴王桥、孙武子桥等；与民间传说有关的张香桥、渡僧桥、雪糕桥、剪金桥等；与戏曲有关的水浇粉桥、捞桥、桐桥等；与诗词有关的乌鹊桥、黄鹂坊桥、花桥、横塘桥等；与历史事件有关的临顿桥、觅渡桥、接驾桥、五龙桥等。

乌鹊桥

吴门桥

宝带桥

行春桥

搜集并趣谈苏州古桥名称，了解苏州桥历史文化传承及古桥的保护现状。

桥名	桥名由来	文化传承	古桥结构
例：枫桥	旧名"封桥"，因漕运夜间封此桥以禁止船只通行而得名，后讹传为"枫桥"。	《枫桥夜泊》张继　月落乌啼霜满天，江枫渔火对愁眠。姑苏城外寒山寺，夜半钟声到客船。	清同治六年（1867年）重建这座花岗岩单孔半圆石拱桥。桥长39.6米，宽5.27米，跨度10米，东堍与铁铃关相连。

任务二：寻找《姑苏繁华图》中的苏州古桥

清代徐扬的《姑苏繁华图》又名《盛世滋生图》，全长约124厘米，比《清明上河图》长一倍多，耗费画家24年时间完成。画中有山川、城郭、街巷、桥梁、河道、码头、寺院、庙坛、衙署、民居、店面、舟楫、学塾、戏台，还有婚娶、宴饮、雅集、授业、科考、出巡、演艺、田作、买卖、渔罟、造屋等场面，反映当时苏州"商贾辐辏，百货骈阗"的市井风情，被后世誉为研究清代苏州之"百科全书"。

清，徐扬《姑苏繁华图》（局部），辽宁省博物馆藏

1. 寻找《姑苏繁华图》中的苏州著名古桥，对比古桥旧貌与现状。

《姑苏繁华图》中的苏州桥	苏州桥旧貌	苏州桥现状	说明
例：斜桥			由灵山向东，经过一座斜桥，到达木渎的繁华中心。此处胥江与香溪交汇，浑浊与清澈交融，"斜桥分水"由此得名。

寻访名胜古迹

2. 想一想：为什么古代的桥梁以石拱桥为主？

_____

_____

知识卡片

拱桥，一般由上、下两部分结构组成。上部结构为桥面、拱券、拱上填充。下部结构为桥墩、桥基。薄墩是指在多孔石拱桥中，相邻两孔的桥墩厚度极薄，墩上两拱石相接触，其上部撞石呈尖形。苏州地区多为此种类型石拱桥，此结构自重较轻，且载重量较低，多为人行桥，宝带桥为典型代表。

宝带桥全长 317 米，全桥 53 孔，中间三孔的跨径较大，以利通航。其拱券为纵联分段并列式结构，此种结构最大的优点是省材料，其次是轻巧美观，适用于载重较小的桥梁。此种结构的弱点是稳定性差，特别是多孔桥，一旦有一孔遭到破坏，其他孔的拱券就会相继塌落。桥墩的基础属于独立木桩承台，其桩基采用松木原料，每个桥墩下有数十根木桩，桩间填充碎石块，十分紧密，木桩上面平铺一层石板，成为承台面，承台上有一层石板（拱脚石垫），拱脚石垫上凿有拱脚槽。

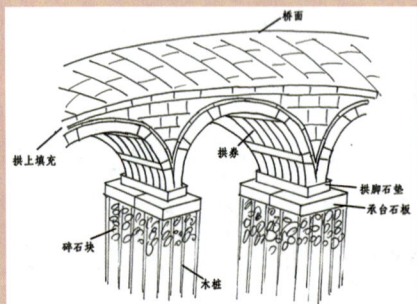

宝带桥结构示意图

任务三：如何开发和利用古桥资源

结合下面材料，说一说苏州是如何善待历史遗存，保护古城的。

党的二十大报告中指出，加大文物和文化遗产保护力度，加强城乡建设中历史文化的保护传承，建好用好国家文化公园。

从 40 年前启动系统性保护至今，苏州是全国首个也是唯一一个将古城整体进行规划保护的城市，历史城区范围达到了世界少有的 19.2 平方公里。大体量的古城整体保护，与"盆景式"古迹保护有本质区别，如何兼顾保护与发展的造血能力与活力，以及居民的多元化民生诉求等难题，苏州并无现成答案可循。

随着城市建设的发展，苏州重新恢复和新建的桥梁也不在少数，比如船舫桥、万年桥、吴衙桥、木杏桥、人民桥、平门桥、泰让桥、姑胥桥等，都是苏州古桥保护工作的重要成果。古桥是苏州历史文化的代表物，古桥保护是我们肩头永远无法卸下的责任。

1952 年，万年桥拆除旧木桥面，改为三孔钢筋水泥梁式桥面。桥全长 42 米，两边设铁栏杆。1970 年，桥北侧 500 米建起了一座钢筋混凝土大桥姑胥桥（初名"红旗桥"），万年桥不再通车，仅供步行。2004 年，胥门地段以胥门、万年桥和古百花洲为主改建环城河公园，拆除旧万年桥，又建起一座雄伟秀丽的三孔石质万年桥。沿着台阶一级级往上走，但见万年桥的桥栏是用一块块长长的青砖砌成的，俨然历史的颜色，青砖上是较为光滑的下方上圆的花岗岩扶手，近看显得朴素自然，端庄厚实。

值得一提的是，在中国 2010 年上海世界博览会苏州馆中，有一座用错落有致的石板铺就的"万年桥"，这是世博苏州馆的"镇馆之宝"。在世博会期间，无数中外游客走过万年桥，走进了老苏州的那段回忆里。世博会闭幕后，那座"万年桥"与世博会苏州馆一道被移建回苏州太湖国家湿地公园。

2012 年，苏州市姑苏区成为全国唯一的国家历史文化名城保护区。2014 年，苏州获得中国首个"李光耀世界城市奖"，古城保护工作受到了这一"城市规划界诺贝尔"奖的高度肯定。

_____

_____

任务四：古今苏州桥梁之对比

搜集身边现代的桥梁资料，从造型、材料、功能、审美四个方面进行分析，想一想，和古代桥梁相比，今天的桥梁有了哪些新的变化。

	例：胥虹桥
桥梁名称	
造型特点	世界单孔跨度最大的现代木结构桥。全长120米，单跨跨度75.7米。
建造材料	全部采用7厘米宽、3厘米厚、2米长的小木条拼接胶合而成。
主要功能	传播胥江文化，"香山帮"技艺。
审美特点	如同彩虹，桥面宽阔，装饰朴素。两岸桥下各有多个石狮，既是防护，也是装饰。

任务五：桥的书

请你结合学过的书籍设计的知识，以"苏州桥"为主题，设计一款书籍封面。

1. 想一想，以下几本关于桥的书籍在封面设计上有何特点？

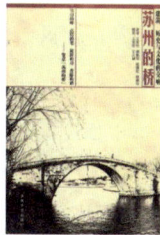

《桥梁之旅》　　　《苏州的桥》　　　《中国的桥》

_____

_____

2. 你对以上书籍的设计有什么更好的改进建议？请写下你的看法。

_____

_____

3. 请你以"苏州桥"为主题，自拟书名，设计一款封面，画出草图并写出设计理念。

例：	设计思路：
	苏州桥历史悠久，因此在封面设计上选择了比较复古的风格。加厚的皮纹纸板做出古桥造型、明信片式开合方式、画面中心的红色火漆印都增加了古桥的神秘感，让人有一种打开阅读的冲动。
教师作品　沙景雯设计	

小练习

你能看出封面设计者的设计思路吗？试着写一写。

教师作品　沙景雯设计

我的设计草图		
封底	书脊	封面
我的设计理念		

_____

_____

六、展示与评价

1. 过程展示。可以选择PPT、小报、研究报告等形式展示对苏州古桥实地调研分析的结果。

研究报告	
研究主题	
研究人员	组长：
	成员：
研究对象	
研究内容	
研究方法与步骤	
研究过程	
研究分析及结论	

2. 作品展评。展示"苏州桥"封面设计，由学生评委和教师评委进行评分，并投票选出"最美封面设计"。

"苏州桥"的封面设计评分表			
评分项目	内容及分值	得分	说明
设计主题	主题明确（25分）		
视觉审美	设计三要素——文字、图像、色彩均和谐、美观（25分）		
设计创意	材料创意（20分）		
	视觉图像创意（20分）		
	其他创意（10分）		
总分			
综合评价			
		评委签名：	

七、活动反思

本活动以姑苏古桥为主题，结合《姑苏繁华图》中的桥梁画面片段，在古往今来中，引导学生挖掘地方建筑文化特色，体会江南历史文化风貌，提高保护历史遗存的意识，珍惜当下幸福生活。

学生通过相关任务单，能基本探求到姑苏古桥的历史渊源和造型特点，并认识到保护古桥的重要性。在了解历史的同时，启发学生联系当前社会热点，发现更多保护历史文化遗存的方法。在真切体验生活环境的过程中，结合曾经学过的书籍设计知识，创作以"苏州桥"为主题的书籍封面设计，抒发对家乡历史和文化的喜爱之情，提高对文物资源的科学保护意识和责任意识。

八、拓展链接

苏州市地方志办公室.苏州老桥志［M］.扬州：广陵书社，2013.

王家伦，谢勤国，陈建红.苏州古石桥［M］.南京：东南大学出版社，2013.

"方志苏州"（苏州市地方志编纂委员会办公室微信公众号）

"苏州园林官微"（苏州市园林和绿化管理局微信公众号）

寻访名胜古迹

凝聚历史　红色传承

学科：美术、政治、历史　　知识点：海报设计、鉴赏

南京著名红色旅游景点推荐

红色旅游景点是以中国共产党领导人民在革命和战争时期建立丰功伟绩所形成的纪念地、标志物为载体，以其所承载的革命历史、革命事迹和革命精神为内涵的景点。南京红色旅游资源丰富，下面列举了部分著名景点，你去过哪里？其中给你印象最深的是什么？

1. 侵华日军南京大屠杀遇难同胞纪念馆（建邺区水西门大街 418 号）

2. 雨花台烈士陵园（雨花台区雨花路 215 号）

3. 中山陵（玄武区石象路钟山风景名胜区）

4. 渡江胜利纪念馆（鼓楼区渡江路 1 号）

5. 梅园新村纪念馆（玄武区梅园新村 30 号、35 号、17 号）

6. 《南京条约》史料陈列馆（鼓楼区建宁路 288 号）

7. 金陵兵工厂旧址（秦淮区应天大街 388 号）

8. 南京抗日航空烈士纪念馆（玄武区蒋王庙街 289 号）

9. 新四军一支队司令部旧址（高淳区淳溪街道当铺巷 78 号吴氏祠堂内）

10. 南京工运纪念馆（浦口区工会街与礼义巷交叉口东北 200 米）

雨花台烈士陵园

渡江胜利纪念馆

梅园新村纪念馆

金陵兵工厂旧址

四幅图片均来自中国南京红色在线网站

一、活动背景

红色资源是中国共产党及中国人民在革命时期的智慧与思想的结晶，蕴含着丰富的精神内涵，包括地方革命历史、红色文化景观、英雄故事等。南京地处长江中下游，是中华文明的重要发祥地之一，同时也是中国近现代史的起始地。从 1842 年 8 月《南京条约》签订，中国半殖民地半封建社会的屈辱历史开始，到 1949 年 4 月渡江战役胜利，人民解放军占领南京总统府结束国民党的统治，南京浓缩了整个中国近代史，这使南京的红色资源数量多、类型全、分布广、价值高。其中著名景区有总统府、梅园新村纪念馆、雨花台烈士陵园、渡江胜利纪念馆、侵华日军南京大屠杀遇难同胞纪念馆等。

在美术综合活动课中融入地方红色资源，通过实地参观学习走进实境，让学生触摸那段厚重的历史，深入了解和感受红色文化的精神内涵，思考和创作爱国主义美术作品，从而培养他们的审美能力、创新思维和爱国情怀。

二、活动目标

1. 了解南京在中国近现代历史中的地位。

2. 了解红色资源的概念，搜集当地具有代表性的红色资源的相关资料。

3. 了解纪念性建筑、纪念性雕塑的概念、特征、功能和价值。

4. 了解主题类、纪念类海报的构成元素、表现方法和色彩运用，掌握海报设计方法。

5. 提高对地方红色资源价值的认知，激发学生爱国情怀。

三、核心素养

图像识读	能够从功能、造型、色彩、表现等方面了解红色艺术作品的类别和特点。
美术表现	能够运用与红色资源相关的艺术语言创造视觉形象。
审美判断	认识和理解红色资源背后的历史、文化、精神内涵和审美价值，培养审美能力。

续表

创意实践	提高创新意识，运用创意思维进行海报等艺术设计。
文化理解	理解红色文化，感受美术作品背后的文化内涵和艺术魅力。

四、问题与实施

小问题	实施计划
1. 你知道什么是红色资源吗？你知道红色资源在新时期的意义和价值吗？ 2. 你知道南京有哪些红色资源吗？这些红色资源是在怎样的时代背景下产生的？有哪些类别？ 3. 不同类别的红色资源分别有哪些审美价值？在考察的过程中，我们如何结合已有的美术鉴赏方法进行赏鉴？	资料搜集
4. 你去过哪些红色旅游景区？在红色旅游景区内一般会呈现哪些相关的主题美术作品？ 5. 你准备去南京哪个红色景点考察？你能根据收集到的信息，说一说这个红色景点的历史背景和历史故事吗？ 6. 请你结合已有的相关美术鉴赏知识，发掘红色资源的作品形式和艺术语言，运用观察、分析、对比、感悟等方式，理解作品的意境或内涵。	实地考察 进一步搜集资料，深入探究 注重对过程性材料的收集和记录
7. 海报有哪些种类？在设计上有何特点？ 8. 我们应该如何结合考察主题，设计相关海报进行爱国主义宣传？	海报设计

五、实施过程

任务一：收集、整理南京的红色景点

1. 搜集南京红色景点相关信息，填写下方表格。

红色景点名称	历史事件	地址
例：《南京条约》史料陈列馆	1842 年 8 月清政府与英军签订《南京条约》	南京市鼓楼区建宁路 288 号

2. 请你以我国近代历史发展时间为轴线，用思维导图的形式将南京红色景点串联起来。

任务二：寻找、分析以不同美术形式呈现的红色资源

在景区内，不同类别的红色资源（如展览馆建筑、纪念碑、主题雕塑、绘画、摄影作品等）以不同的美术形式展示在我们面前，带给我们视觉的震撼。

1. 小组合作讨论，写出下列作品对应的作品名称、美术形式和主要表现内容。

作品名称	作品名称	美术形式	表现内容

2. 小组合作，结合组员们的参观经历，按类别分别选择一件具有代表性的美术作品，进行审美分析。（可以增加其他美术形式）

（1）环境设计

场馆名称	空间规划	陈列手法	造型色彩	审美感受

（2）建筑设计

建筑名称	建筑造型	建筑风格	建筑材料	建筑色彩	审美感受

（3）雕塑

雕塑名称	雕塑类别	造型特点	材料与色彩	审美感受

任务三：南京红色资源实地考察

根据之前搜集的资料，小组讨论并确定南京红色资源考察地点，提前做好考察计划，并选择合适时间实地考察。

南京红色资源考察表		
考察地点：		
考察日期：		
组长： 组员：		
交通线路：		
考察问题	负责人	记录
1. 该处红色资源的主题是什么？相关历史背景或历史事件是什么？		
2. 该处红色资源的类别及主要美术呈现形式。		
3. 请举例说明该处红色资源中不同美术形式作品的审美特点。		
4. 该处红色资源中最令人难忘的是什么？（举例说明）		
其他补充		
收获与反思		

任务四：主题类、纪念类海报的设计

海报主要用于信息传递、广而告之，因此在设计上强调主题明确且有视觉冲击力，将宣传性和艺术性结合起来。

1. 请你结合自己的生活想一想，我们一般在哪里能看到海报？

2. 根据性质的不同，日常生活中常见的海报可以分为哪些种类？

3. 请你选择一款海报进行分析，找一找在海报上有哪些组成要素？在设计上有哪些特点？

各式各样的公益海报

海报名称	组成要素	设计特点
（粘贴海报）		

4. 结合本组南京红色资源考察活动，选择合适的主题进行海报的创作，可小组合作进行。

海报主题	例：纪念渡江战役胜利海报
海报创意	海报设计的灵感来自中国人民解放军于1949年4月20日20时发起渡江战役这一伟大的历史事件。画面中心是红色的船帆，造型取自渡江胜利纪念馆门口的雕塑"千帆竞渡"，又好像无数光芒照亮前进的方向。海报下方绘有滚滚长江水，汹涌的江水烘托这一激动人心的时刻。海报上方是主题内容，左边是"渡江战役"四个大字，突出主题，右边则是"纪念伟大胜利74周年"，中间的帆船上方突出了时间"1949—2023"。
主要元素	红色帆船、江水、文字主题和背景

海报设计	草图	完成图

寻访名胜古迹

六、展示与评价

1. 举行"不能忘却的记忆"演讲比赛，每个小组选出一名演讲人，将本次考察内容用演讲的方式展示出来，演讲要与PPT演示相结合，在PPT中同步展示本次考察活动的图片和视频。学生评委、教师评委进行打分。

"不能忘却的记忆"演讲比赛评分表		
评分项目	评分内容	得分（1-10分）
仪容仪表（10分）	仪态端庄，服装整洁。	
演讲表现（50分）	演讲内容紧扣主题，积极向上。	
	吐字清晰，发音标准，全程脱稿。	
	语言自然流畅，富有真情实感。	
	讲究演讲技巧，落落大方，动作恰当。	
	演绎具有启发性、感染力和号召力。	
PPT展示（40分）	PPT设计有美感。	
	PPT展示内容全面，层次清晰。	
	PPT展示和演讲配合默契。	
	有背景音乐，对渲染气氛起到积极作用。	
总分		
备注：演讲时长为6分钟，超时扣分。		

2. 举行南京红色资源考察海报设计展，结合学校爱国主义活动展示学生作品。

海报设计评分表		
评分项目	评分内容	得分（1-10分）
设计创意（30分）	海报为原创设计。	
	主题鲜明，创意突出。	
	关注公共性的视觉语言，思想性强、启发性强。	
构成表现（30分）	构图合理，主题突出。	
	海报设计造型与色彩和谐统一。	
	图形、文字主次分明，有冲击力。	
绘画制作（40分）	手绘海报，画面线条、色彩等绘制细致准确，视觉效果好。	
	电脑设计海报，画面分辨率高，图像清晰。	
点评		总分

七、活动反思

地方红色资源具有重要的教育价值和现实意义，将地方红色资源与美术教育相结合，是德育和美育的结合，有助于引导青少年树立正确的世界观、人生观、价值观。本次活动让学生近距离接触地方红色资源，结合所学的美术知识，用审美的眼光去感受红色建筑之美、环境之美、雕塑之美，在寻访中了解历史，了解文化，厚植爱国情怀。通过海报设计、演讲的方式，让学生思考、抒发，表达爱国之情和强国之志。展望未来，我们美术教师应继续深入研究地方红色资源的开发和利用，不断创新美术综合活动课的教学方法和内容，为培养具有民族精神和文化自信的下一代贡献力量。

八、拓展链接

曹劲松.文化精神赓续与传播［M］.北京：中国社会科学出版社，2021.

刘未鸣，韩淑芳.南京，我的1949［M］.北京：中国文史出版社，2021.

梅菁菁.抗战时期的南京城市与建筑［M］.南京：东南大学出版社，2020.

贺云翔，周行道.文化南京：历史与趋势［M］.南京：江苏人民出版社，2020.

网站：中国南京红色在线。

意趣天成　园林艺术

学科：美术、通用技术、语文、历史　　　知识点：鉴赏、环境设计、景观模型制作

南京园林的前世今生

公元 229 年，孙权迁都建业（今南京），开始营建皇家苑囿。此后，晋室南移与南朝偏安政权的 200 余年，为南京园林迅速发展与产生质变时期。当时，我国文化中心由黄河流域的西安、洛阳转向长江下游的金陵，史称"六朝繁华、江左风流"。文化思潮影响了园林艺术，孕育了闻名古今中外的江南山水园林。钟山之麓，后湖之滨，清溪沿线，淮水江岸，苑囿林立，园墅相接，佛庐仙馆，

莫愁湖

愚园

绣球公园

白鹭洲

檐宇相连。历经六朝的华林园与乐游苑，以精湛的造园艺术手法流芳千古。这一变革在我国园林史上有着重大意义，起着变汉启唐的作用。

历经隋朝洗礼，唐宋时期南京经济再度振兴，筑苑造园随之复兴，此时造园艺术达到很高水平。北宋政治家、文学家王安石建造的半山园，可称当时的代表作。

元代，南京园林又几乎濒于绝境。到了明清时期，南京园林才迎来第二个盛世。明代园林总貌，如顾起元诗《覆舟山临望》中所描绘："城中万景如棋画，杨柳烟中分紫陌，内园兰桂浮温香，咸里池台荡朱碧。"明清更替给南京园林造成很大破坏，然仍有西园、东园、瞻园等许多宅园保存下来。清代中叶，又增建修复，著名的随园、芥子园、愚园即于此时期修建。惜咸丰年间，战乱又荡去明清许多园林古迹。

清末受西方影响，开始营建公园和增建衙署、大学堂花园。1927 年国民政府定都南京后，通过更名改造和新建，出现了一批完全开放的近代公园，如五洲公园（玄武湖）、莫愁湖公园、第一公园、鼓楼公园、白鹭洲公园、秦淮小公园和国父陵园（中山陵）等。1937年底，日军侵占南京后，南京园苑又遭战火洗劫而衰微。

当代南京园林，继承了历史遗产，糅合现代园林艺术，充分发挥山、水、城、林优势，将城市绿地体系纳入城市总体建设规划，使南京园林逐步成为具有浓厚民族风格与较高现代艺术造诣，繁花似锦与功能显著的当代园林，翻开了南京园林的新篇章。

（参考：廖庆和，叶年山《南京园林志》）

一、活动背景

中国古典园林是公认的世界园林之母，对当代园林景观艺术设计有着深远的影响。中国的造园艺术，是道法自然的东方哲学美的最高体现，是建筑美和自然美的完美融合。我国各地园林资源丰富，北方有气势恢宏的皇家园林和传统民居，南方有小巧精致的私家园林，为学生的实地考察提供了生动的学习场所。

美术教材中的鉴赏内容大多历史悠久、地域遥远，与学生的现实生活有一定距离，减弱了学生的学习兴趣。因此，在活动设计时应贴近学生的生活实际，提高学生学习的积极性。

本活动综合中国园林鉴赏与环境艺术设计相关内容，通过校园园林景观设计这一活动项目将鉴赏与设计结合起来，并融合文学、历史、地理等学科相关知识，引导学生将所学知识灵活运用于解决生活中的实际问题，真切感受美术学习的价值和乐趣，实现书本知识与认知、实践、创造的充分结合。

二、活动目标

1. 了解中国园林的价值功能和审美特点。

2. 了解中国园林的造园要素，以及常见的造园手法。

3. 培养搜集、查阅、整理和提炼总结资料的能力及团队合作的精神。

4. 尝试运用所学知识进行中式园林微景观的平面设计和模型搭建，培养运用所学知识解决现实问题的能力。

5. 提高对中国园林艺术价值的认知，激发学生对中国传统文化深入研究的兴趣与热爱之情。

三、核心素养

图像识读	能够从造园要素、造园手法方面对园林进行整体分析，感受其空间之美、形式之美。
美术表现	培养空间意识和造型能力，能够运用多种材料围绕学习主题进行艺术创新。
审美判断	认识并理解中国古典园林"天人合一、道法自然"的美学思想，提升审美能力。
创意实践	培养创新意识，运用创意思维创作美术作品。
文化理解	从文化角度观察和理解中国古典园林艺术，感受其特有的文化内涵和艺术魅力。

四、问题与实施

小问题	实施计划
1. 中国园林是如何产生、如何发展的？园林的主要功能是什么？ 2. 你知道中国南方园林和北方园林的代表作品吗？二者分别有怎样不同的艺术风格？这种不同的艺术风格是如何形成的？ 3. 南京的主要园林有哪些？你去过哪些？选择你熟悉的一座园林，说出你对它的印象。	资料搜集
4. 走进南京某古典园林，探寻这座园林的历史和故事。 5. 这座园林是如何规划的？其中有哪些造园要素？运用了哪些造园手法？起到了怎样的作用？ 6. 在考察过程中，你觉得哪些造园要素和造园方法可以借鉴到校园园林设计中？	园林考察 典型案例分析 注重对过程性材料的收集和记录
7. 我们校园的整体建筑风格是什么样的？园林景观应该如何和校园环境相融合？在哪个区域设计园林景观最为合适？ 8. 我校校园园林的主要功能是什么？如何在设计中实现这些功能？如何将校园文化融入设计之中？ 9. 校园园林景观设计中需要包含哪些要素，需要注意哪些问题，在平面图的设计和表现过程中，可以用到哪些方法？ 10. 如何将平面设计图纸转换为立体的园林微景观模型？园林微景观模型制作需要用到哪些材料？模型的搭建需要注意哪些问题？	校园考察 创作实践

035

创造美好生活

五、实施过程

任务一：中国园林知识文献研究

中国园林根据地域可以分为南北两大园林体系，北方多为皇家园林，南方多为私家园林。

皇家园林：专供帝王休息享乐的园林，其特点是规模宏大，真山真水较多，园中建筑色彩富丽堂皇，建筑体量高大。现存的著名皇家园林有北京的颐和园、河北承德的避暑山庄等。

私家园林：供皇家的宗室外戚、王公官吏、富商大贾、文人雅士等休闲居住的园林，其特点是规模较小，常用假山假水，建筑小巧玲珑，表现其淡雅素净的色彩。现存的私家园林有北京的恭王府，苏州的拙政园、留园、网师园，上海的豫园等。

北京颐和园

苏州拙政园

1. 请同学们在文献研究的基础上，选取中国北方和南方的代表性园林，提炼园林种类、造园要素、造园手法、园林特点与功能、造园思想等，并尝试填写下表。（可选北京颐和园、承德避暑山庄、苏州拙政园、苏州沧浪亭、顺德清晖园、番禺余荫山房等。）

创造美好生活

园林名称	园林种类	造园要素	造园手法	园林特点与功能	造园思想

2. 请研究并思考总结，中国古人在营建园林的过程中，一般会用到哪些元素？这些造园元素在园林中都有怎样的功能？

例：筑山。为表现自然，筑山是造园要素之一。秦汉的上林苑用太液池所挖土堆成岛，象征东海神山，开创了人为造山的先例。筑山一般以石为山，有厚重沉稳的黄石，皱瘦通透的太湖石，表现冬雪的叠石，用于竹林中的石笋等。

任务二：园林实地考察

瞻园位于南京市秦淮区夫子庙秦淮风光带核心区，是江南四大名园，其历史可追溯至明太祖朱元璋称帝前的吴王府，后成为中山王徐达的府邸花园，是南京现存历史最悠久的明代古典园林。瞻园素以假山著称，以欧阳修诗句"瞻望玉堂，如在天上"命名，在明代时被称为"南都第一园"。

瞻园面积约 2 万平方米，共有大小景点 20 余处，布局典雅精致，有陡峭峻拔的假山，闻名遐迩的北宋太湖石，清幽素雅的楼榭亭台等。87 年版《红楼梦》、92 年版《新白娘子传奇》等影视作品均曾在瞻园取景。

瞻园风光一

瞻园风光二

1. 组建学习小组，根据考察表的要求做好考察计划，选择合适时间到瞻园实地考察，结合实景案例，现场学习中国古代园林造园手法。

瞻园考察表		
小组成员		考察日期
组长： 组员：		
交通线路		
考察计划		
考察重点		负责人
1. 园林建造时间、相关人物及相关历史故事？		
2. 园林的建造风格、整体布局和园林的游览动线是怎样的？		
3. 园林的主要造园元素？		
4. 园林的主要造园手法？		

续表

瞻园考察表	
5. 园林中的牌匾楹联有何特色？（内容、书体、含义等）	
其他考察内容：	
园林平面布局及游览动线图（手绘）	
考察记录	
园林的精彩之处（举例说明）	
收获与反思	

2. 请结合抑景、添景、夹景、对景、框景、漏景、借景、移景等中国古典园林的造园手法，考察瞻园中所运用的典型造园手法，并填写下表。

造园手法	瞻园中的运用	景观代表
例：抑景	东门进入园林后，迎面而来的是一块苏东坡题字的雪浪石，起到了欲扬先抑的效果。	
例：对景	园中对景设计较为丰富，比如廊桥和亭子，北园中岁寒亭和观鱼亭等。	
例：框景	园中廊桥上设计有很多花窗，院落与院落之间的门框也被设计成了不同的形状。	
例：添景	园中的柳树对各处风景的掩映。	

3. 现代诗人卞之琳在《断章》中写道："你站在桥上看风景，看风景的人在楼上看你。"想一想，这句话描绘了一个怎样的场景？采用是何种构景方式？

_____

_____

任务三：校园景观考察

1. 与你的同伴们一起进行校园景观的实地考察，结合典型的照片，讨论并分析我校校园环境整体所呈现的风格。

_____

_____

2. 从中国园林景观设计的理念出发，思考现有校园景观有何不足之处？

_____

_____

3. 我校的校园文化是什么？如何将校园文化融入校园园林景观设计中？

提示：某校的校训为"明理、修身"，正所谓"读书务明理以致用，修其身而天下平"。在中国古典园林中，园林正是中国文人思想追求的体现，如苏州沧浪亭有明道堂、瑶华境界、见心书屋、印心书屋、仰止亭。拙政园有梦隐楼、志清处、意远台、得真亭，这些都说明园林主人的心中抱负。我们在校园园林景观的设计中将校园文化融入其中，让同学们在学习之余走进山水，感受圣人之道，凝练为自身价值追求。

_____

_____

任务四：校园园林景观设计图的绘制

园林景观设计一般需要考虑地形、植物、建筑物、铺装、景观构筑物、水体、灯光照明等，在设计图纸上还要有详细的设计说明。园林景观设计图可以用电脑绘制，也可以手绘，手绘可以使用马克笔、彩铅、水彩等工具。在绘制过程中要注意色彩的搭配和比例的控制。

1. 小组讨论并思考：结合我校校园的具体特点，可以借鉴哪些造景要素和造景手段？

_____

2. 作为学校内的园林景观，在考虑传统的造园要素和造园手法之外，还要考虑哪些因素？

037

创造美好生活

比如：校园园林景观面积较小，其服务对象主要是学生，在造景过程中要小中见大。在造景要素上可以选择一些亭子、小桥、石桌石凳，让同学们在课余时间里，在园林中得到放松，增加人与景观的互动。考虑到学生的年龄特点，可以养一些小鱼、小鸭，为园林更添一份活力。

除此之外，我们觉得还要考虑：

_____

_____

3. 请将你设计的校园园林景观设计图绘制在下框中。

任务五：校园园林景观模型的搭建

请同学们根据自己绘制的校园园林景观设计图，完成模型的制作，并在班级内进行展示、交流与分享。

（1）使用材料提示：应根据设计图纸选用材料，可参考优秀的园林设计作品，选择造景泥（地面）、蓝色卡纸（水面）、石头和石子（假山和路面铺设）、亭子和小桥等构筑物微缩模型、植物微缩模型、超轻黏土（制作其他配件）、底板、颜料等材料来进行景观模型的搭建。

（2）园林景观模型制作的主要步骤：

① 将平面设计图转画在底板上；

② 粘贴湖面，用造景泥铺设地面，堆出土坡；

③ 在相应位置布置假山、植物、亭子、桌椅等。

六、展示与评价

1. 展示学习成果，用 PPT、小报或成果报告的形式对学习过程和成果进行汇报。

创造美好生活

校园园林景观改造成果报告
（表中填入了学生的设计方案作为示例）

班级：　　高二（2）

设计小组1：　胡沁雪、莫苏浠

设计小组2：　王思危、吴世凡、肖伟航

改造地点：　明理楼背后小池塘周围

改造意见：

1. 池塘面积较小，植物杂乱，缺乏层次感。

2. 池塘周围有大面积的空地没有合理规划利用。

3. 池塘相对独立，与游览者缺乏互动。

校园小池塘现有景观实拍图

设计方案：

1. 园林中的水景改造：学校现有池塘是一个面积约 8 米×6 米的小型池塘，池塘四周以草坪为主，还有部分空间是空置的。我们纳入 F 楼和宿舍楼之间的空地，将现有池塘面积扩大了一倍，对其重新做了规划。

2. 园林中的建筑改造：结合学校偏现代的风格，将建筑风格定位成新中式风格，整体色调以原木色为主，与自然融为一体。在池塘中间加了木质廊桥，池塘中新建一个小巧的观景亭，并在园林四周布置原木的桌凳，让同学们可以走进园林，感受山水之乐。

3. 园林中的植物改造：由于面积有限，园林中以低矮的花木为主，以樱花、梅花、红枫作为点缀，围绕着池塘的石头旁边种植迎春花、野栀子，池塘的水面主要以莲花为主，让同学们在一年四季可以欣赏到不同的植物之美。

4. 园林中的山石改造：在园林西北角会建一座高约 2.5～3 米的假山，并在假山上刻下我校校训，增加园林的人文气息。

5. 园林中的动物：动物可以使园林活起来，可以在池塘中养殖一些锦鲤、乌龟等小动物，也可养几只鸭子。我们还计划征求生物老师的意见，让这里成为同学们新的学习活动基地。

设计草图：

设计草图

续表

设计模型：

设计模型展示

亮点分析与改造心得：

_____

_____

_____

2. 作品展评，学生评委、教师评委对作品进行综合评分。

校园园林景观设计评价表			
评分项目	评分内容与分值	得分	说明
设计布局	设计作品和学校环境相协调。（10分）		
	布局合理，功能分区明确，能满足使用要求。（10分）		
	园林动线设计合理，考虑全面。（10分）		
	作品美观。（10分）		
文化与创意	设计理念新颖，能体现校园文化。（10分）		
	造园要素、造园手法、材料使用等有新意。（10分）		
实用性与可行性	设计作品实用性高，可操作性强。（10分）		
团队合作	过程及成果汇报内容完整、思路清晰。（10分）		
	团队成员组织合理、分工明确、配合度高。（10分）		

续表

校园园林景观设计评价表			
评分项目	评分内容与分值	得分	说明
其他	其他优势（10分）		
总分			
综合点评	评委签名：		

七、活动反思

在本次活动中，学生表现出极大的自主性，从材料的搜集到实地考察，从图纸设计到模型搭建，始终保持着高度的热情和积极的态度。尽管在效果图的设计中，小组成员间有分歧，不过最终还是能达成一致意见。从呈现的效果来看，也是让人满意的。学生在活动的过程中学习和掌握了中国园林相关知识，也有意识地将中国园林中的造景手法用到校园园林景观的改造中。

在学生的学习活动中，教师要成为学生学习的导师，为学生指明学习的目标和方向，搭建合适的平台，帮助学生提高学习效率、实现学习目标。在学生的学习实践中，教师要将精力更多地投入教学环节的设计和教学过程的把控上，适当隐身，敢于放手，充分相信学生的能力，才能锻炼学生，促进学生的成长和提高。

八、拓展链接

南京市地方志编纂委员会.南京园林志［M］.北京：中国方志出版社，1997.

贾珺.故园惊梦［M］.长沙：湖南美术出版社，2022.

陈波，王月瑶，景郁恬.图解江南园林［M］.南京：江苏凤凰科学技术出版社，2023.

陈从周.园林有境［M］.长沙：湖南美术出版社，2023.

创造美好生活

洞门花窗　光韵之美

学科：美术、通用技术、语文、历史　　知识点：鉴赏、环境设计、景观模型制作

苏州园林探幽

在苏州园林中，山是园林的"骨架"，水是园林的"血液"。"仁者乐山，智者乐水"，古人比德于山水，乐山、乐水体现的正是人与自然的和谐关系。文人寄情山水，更爱在归隐之处叠山理水，打造精神家园。

苏州的园林都是私家园林，占地面积有限，最大的拙政园占地面积78亩（约52000平方米），最小的残粒园仅140平方米左右。要在大大小小的园林中经营山水之景，运用平远法不太现实，智慧的古人想到高远法和深远法——叠山，就像搭积木那样在庭院中建造假山。

苏州园林中的山石多为就地取材的太湖石。太湖石因造型奇特、秀丽、多孔洞而著称。白居易有《太湖石》诗曰："烟翠三秋色，波涛万古痕。削成青玉片，截断碧云根。风气通岩穴，苔文护洞门。三峰具体小，应是华山孙。"古人用"安、连、接、斗、挎、拼、悬、垂、卡、剑"的"十字诀"来营建假山。"假山王国"狮子林中的大规模假山在中国园林中首屈一指。除了搭建的假山，还有些独体巨型假山，如留园中的冠云峰高5.7米，是江南园林中最高的湖石，充分体现出太湖石"瘦、漏、透、皱"的特点。

在中国文人心中，山和水密不可分，有山必有水。平静的水面就像镜子一般，帮助假山向地下延伸空间；潺潺的水流高低错落，不仅使假山在形状上有了对比，还静中有动，令人思绪万千。苏州园林中的池、潭、涧、瀑布等造景，与假山虚实相生，再加上植物掩映、鱼游鸟鸣、气候变幻、日落月升，使整个园子生机勃勃，正可谓"暮春濯清氾，游鳞泳一壑。高泉吐东岑，洄澜自净荣。临川叠曲流，丰林映绿薄。轻舟沉飞觞，鼓枻观鱼跃"。（东晋庾阐《三月三日临曲水诗》）

除了山和水，苏州园林中的铺地、洞门、粉墙、房屋、亭台楼阁、家具文具、匾额碑刻等也别具一格，让我们一起走进园林，寻奇探幽。

狮子林

留园冠云峰

东山雕花楼

留园

本篇作者：苏州高新区第一初级中学　张君琳

美术表现	培养空间意识和造型意识，能够运用多种材料，围绕学习主题进行艺术创新。
创意实践	培养创新意识，运用创意思维创作美术作品。
文化理解	从文化角度观察和理解苏州园林，感受其特有的文化内涵和艺术魅力。

一、活动背景

苏州古典园林的营建源于春秋，发展于晋唐，繁荣于两宋，全盛于明清，清末时城内外有园林 170 多处，现存 50 多处。其中，以拙政园、留园为代表的苏州古典园林被誉为"咫尺之内再造乾坤"，是中华园林文化的翘楚和骄傲。

我校是一个集团学校，三个校区都有园林式景致，有湖石假山，也有水如平镜。学生在校园里感受着动静相宜的江南园林文化意境。结合教材中的园林知识，本次活动以"教室里的苏州园林"为主题，让同学们将已有的园林知识学以致用，为班级造一个园林小景，将苏州园林搬进教室，装点我们的学习生活。

苏州园林艺术涉及面较广，为适应课堂教学和学生学习情况，本活动另辟蹊径，从苏州园林中花窗、洞门这一框景元素入手，在花式取景框中慧眼寻美景，体味园林景致的层次和色调，并探寻夜色与光韵的交互融合，在沉浸式手工制作中体悟江南园林之精、细、巧、雅。让我们一起用心感悟江南园林之美，结合班级文化氛围，制作一个幽深浪漫的夜的园林模型。

二、活动目标

1. 了解苏州园林的发展历史及艺术特色。
2. 学习和掌握苏州园林的基本营造技巧和营造法则。
3. 了解和学习园林中花窗和洞门的设计理念和设计方法。
4. 掌握园林景观基本搭建方法，利用综合材料为班级制作一组园林小景模型。

三、核心素养

图像识读	能够从苏州园林的花窗、洞门的造型特征理解构成之美、形式之美；从夜色与光韵中理解苏州园林的精、细、巧、雅。

四、问题与实施

小问题	实施计划
1. 古人是按照什么理念来营造私家园林的？苏州园林有哪些艺术特色？ 2. 苏州的主要园林有哪些？你去过吗？选择一座你熟悉的园林，说出你对它的印象。	资料搜集
3. 白天和夜晚的苏州园林在景致上有何不同？ 4. 今天的园林和古代的园林相比，在功能上有何不同？ 5. 花窗、洞门在园林中有哪些作用？有哪些不同的设计样式？	园林考察——"日游"与"夜游" 注重对过程性材料的收集和记录
6. 结合校园和班级文化，我们可以设计一个怎样的班级园林小景？ 7. 制作园林小景需要使用哪些材料，步骤和方法是什么？如何呈现出我们心中的理想效果？如何将灯光、声效等元素融入我们的园林？	问题研讨 创作实践

五、实施过程

任务一：感受苏州园林的艺术特色

搜集资料，查阅和了解苏州园林的造园理念、建筑场景、园林意境、人文情怀，完成表格。

提示：苏州古典园林宅园合一，可观，可游，可居。这种建筑形态的形成，是在人口密集和自然风光相对缺乏的城市中，依恋自然、追求与自然和谐相处、美化和完善自身居住环境的一种创造，其中蕴含的哲学、历史、人文习俗是江南人文历史传统、地方风俗的一种象征和浓缩，是中华文化精华的体现。

	网师园	拙政园	沧浪亭	虎丘
造园理念	例："小中求旷"，"均"中求远。			
建筑场景	水景园，建筑比例恰当、布置精妙。			
园林意境	月到风来亭（网师园中最浪漫的一处），风吹浪起。			
人文情怀	"俯视池水，弥漫无尽"（陈从周），"一派大自然水景的盎然生机"（周维权）。			

任务二：品味夜色中的园林之美

2020 年 11 月，苏州拙政园夜园结合多方资源探索推出"拙政问雅"活动，集非遗文化精品、园林艺术空间、吴门书画文化为一体，将日间园林游赏经验中对于文化符号的走马观花转化为夜间的文化体验，让游客能够更为深入地感知园林，真正体现园林文化的精髓。

1. 查阅相关资料或实地夜游，说一说，和白天相比，夜晚的苏州园林增加了哪些审美元素？

_____

_____

2. 想一想，在开发夜游项目的时候，有哪些可以挖掘的地方文化特色？

_____

_____

任务三：了解花窗和洞门的样式与功能价值

著名建筑大师贝聿铭曾说过："在西方，窗户就是窗户，它放进光线和新鲜的空气，但对中国人来说，它是一个画框，花园永远在它外头。"

作为中式园林建筑中的重要元素，花窗，又被称为漏花窗、花墙头、花墙洞等，花窗是中国古代园林建筑中对窗的一种装饰和美化的形式，一般是不封闭的空窗，窗洞内装饰着的

各种漏空图案具有不同的材料、工艺和外观，所以花窗的形式也千奇百怪，各色各样。

1. 搜集资料，说一说花窗有哪些类型，花窗的图案有哪些种类，有何功能和价值？小组讨论总结后填写表格。

花窗的类型	图案种类	功能及价值

2. 你能分别说出这几个花窗图案的象征意义吗？填写表格并与同伴交流。

花窗			
象征意义			

3. 你还搜集到了哪些不同的图案，和大家一起分享吧！

4. 园林中的洞门有哪些种类，造型上有何特点，在园林中起到了哪些作用？

提示：古典园林中的洞门位于院落内，是

穿梭于各个庭院或厅堂之间的简易门。作为一种空间隔断，洞口讲究造型和开启的位置，既是空间之间的通道，更讲求视觉的延伸和审美层次感。洞门艺术包含了微妙、丰富的象征意义，于园林重视自然的客观景境之中，融进了吉利、祥和的主观情境，以独特的语汇，传递着天人之际的祝福与祈盼、希冀与慰藉。

洞门的类别	造型样式	功能及价值

5. 运用所学知识，设计一款花窗或洞门吧！

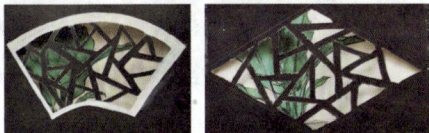

学生设计的花窗

学生设计的洞门

我的设计草图	我的设计理念

任务四：班级园林小景制作

1. 班级文化特色大讨论：根据班级名称、班风班训、班级目标、班主任寄语等内容，讨论班级文化特色，要体会班级价值观，关注学习、生活中的大事件和各类资源，设定积极向上、开放包容的班级文化主题，如"鸿志""思齐""善学"等。

想一想，如何将这些文化主题融入我们的园林景观设计呢？

班级文化特色	园林中的体现元素

2. 选定参考图样：根据选定的班级文化主题，结合江南园林各类建筑小景，选择一个最符合主题氛围的建筑类型作为参考。

园林小景

3. 班级园林小景制作：我们在班级园林小景的制作中需要经历哪些步骤、运用哪些材料？如何将声、光、电等现代元素应用到园林小景制作中？如何运用花窗和门洞丰富内、外景的层次？小组讨论并填写下列表格，在表格的指引下完成园林小景制作，并及时记录制作过程和心得。

创造美好生活

班级园林小景制作	
（表中填入了学生的设计过程作为示例）	
小组成员	
园林小景名称	
设计草图	① 草图阶段要考虑是否融合光电效果，打造夜间园林。 ② 注重在设计时运用花窗和门洞营造园林的层次。 ③ 园林设计要能体现班级文化，与班级氛围相吻合。 设计草图
准备材料	纸盒、纸板、卡纸、鹅卵石、细树枝等
制作过程	① 准备综合材料，构想作品立体层次。 准备纸盒、纸板、卡纸、鹅卵石、细树枝等综合材料，构想景物的立体层次，确定近、中、远景，确定各景物间的比例和遮挡关系，用铅笔画出草图。 设计草图　　　制作步骤 ② 完成作品里外各层次。 初步定稿后，分工绘制、剪刻完成作品里外各景物层次。 小组成员分工制作 ③ 组合近、中、远景。 剪贴组合各景物，分出近、中、远景层次，营造园林幽深之意。设计有灯光效果的小组安装电子灯。

制作过程	组合各部件 ④ 总体调整。 回归班级文化主题，总体调整收拾作品。 整体调整 ⑤ 布置展示。 安排好各景物的主次、位置关系，布置在展台上。班级小组互评，选出优秀的园林小景作品。
成品效果	作品展示 夜景作品展示 夜景作品展示
展示计划	

六、展示与评价

1. 举行"教室里的苏州园林"作品展，组织学生评委和教师评委对作品进行评分。

创造美好生活

"教室里的苏州园林"评分表		
评分项目	评分内容与分值	得分
设计布局	作品和班级环境相协调。（20分）	
	作品美观，布局合理，场景丰富，有层次。（10分）	
文化与创意	能体现班级文化特色。（20分）	
	能创新地使用综合材料。（10分）	
	有融入声、光、电的使用。（10分）	
团队合作	过程及成果汇报内容完整、思路清晰。（10分）	
	团队成员组织合理、分工明确、配合度高。（10分）	
其他	其他优势（10分）	
总分		
综合点评		

2. 完成学习反馈单，实现自我评价。

我的学习反馈单
1. 通过本次学习，你觉得苏州园林最吸引你的地方是哪里？
2. 今天的我们在游览园林时和古人相比有什么不同？
3. 今天的我们在开发和挖掘园林文化时，有哪些需要注意的地方？
4. 你和你的团队在制作"教室里的苏州园林"时遇到了哪些问题？你们是如何思考，如何解决的？
5. 如果让你们对自己的设计作品进行优化，你觉得可以如何调整？
6. 如果满分是 100 分，你为自己的作品打（　　）分。也可以在下面的评价中打"√"。 　非常优秀（　　）　　　比较优秀（　　） 　一般（　　）　　　　　不太满意（　　）

七、活动反思

本项目从核心素养本位出发，以"教室里的苏州园林"为主题，不仅贴合苏州地方文化特色，又立足于当下苏州旅游业的发展，弘扬团结、正气、灵动的班集体价值观，探究综合材料的运用与创新。同学们以项目化学习的方式，围绕着一个个驱动性问题，从江南园林文化遗产出发，联系学习、生活实际问题，在快乐的小组合作过程中分解、组合园林小景，在小组汇报、师生评价、小组互评的多元评价设计中重新审视本小组作品，在集体的智慧中迸发更多创意。

在活动中，学生创作出的园林景致手工作品异常丰富，有平面、半立体、全立体等多种形式，多层次、多方位展现了自己心中的江南园林的景致，其中不乏对江南文化底蕴的思考，对班主任老师的喜爱之情的传达。

八、拓展链接

"苏州园林官微"（苏州市园林和绿化管理局微信公众号）

中国电力出版社 2021 年出版的"苏州园林园境系列"丛书。

古吴轩出版社 2022 年出版的"你好园林，神奇的院子"丛书。

创造美好生活

美好校园　明信传情

学科：美术、语文　　知识点：文创设计、风景写生

活动预热

传情达意的明信片

据说在 1865 年的某一天，有位德国画家在硬卡纸上画了一幅极为精美的画，准备寄给他的朋友作为结婚礼物。但是他到邮局邮寄时，邮局出售的信封没有一个能装下画片，画家正为难时，一位邮局职员建议画家将收件人地址、姓名等一起写在画片背面寄出，之后，这没有信封的画片如同信函一样寄到了朋友手里。这样，世界上第一张自制"明信片"就悄然诞生了。

1869 年，明信片在维也纳邮局正式发行，奥地利成为世界上最早发行明信片的国家。

1897 年前后，清政府发行了中国的第一套明信片。

1949 年，中华人民共和国成立后，发行了第一套明信片，主题是天安门。

中国的邮资明信片种类有普通邮资明信片、贺年（有奖）邮资明信片、纪念邮资明信片、风光邮资明信片、特种邮资明信片、回音卡等，也有在贺年（有奖）邮资明信片上加印企业广告的企业拜年卡。曾经，大量的贺年明信片在亲朋好友之间往来，架起了一座座友谊的桥梁。随着互联网和即时通信的发展，明信片的通信功能逐渐消减，但集艺术性、功能性、趣味性于一体的明信片仍然在我们生活中扮演着一定的角色，是我们传情达意的一种载体。

北极阁天文台，民国时期明信片

2008 年北京奥运会明信片

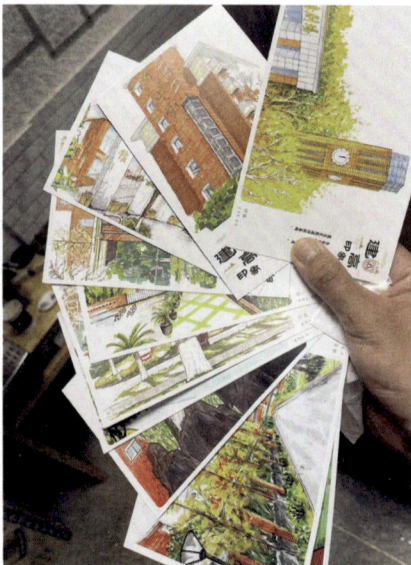

校园明信片文创产品

小问题	实施计划
4. 如何绘制一幅校园风景画？取景、构图、绘制、上色都有哪些需要注意的地方？	校园写生
5. 如何将手绘校园风景和明信片相结合？	合成印刷
6. 如何寄出明信片？	寄出祝福

一、活动背景

当今社会已经处于高速发展的信息时代，人们的联系方式越来越丰富、便捷，微信、QQ、电子邮件已经逐步取代了传统的信件。正因为如此，一张满载着真诚祝福的明信片变得格外珍贵。明信片的特有形式使我们可以定制有个性、有特色的图案主题。

本次活动，我们将为学校设计一套手绘风景明信片，定格校园美景，丰富校园记忆。我校是一座优美的园林式学校，一年四季都有不同的景致。我们在其中学习、生活和娱乐，校园的每一处角落都有我们的故事。让我们用心观察体会，用手绘明信片的形式定格美好校园，将自己对校园的情感融入其中，与人分享。

二、活动目标

1. 了解明信片的历史、发展及功能。
2. 了解明信片背后的文化内涵。
3. 学习和掌握手绘校园风景的方法。
4. 学习和掌握明信片的设计方法。

三、核心素养

图像识读	能够从图像、色彩、构成元素等方面分析明信片的形式之美。
美术表现	能够运用绘画材料进行校园风景绘画表现。
审美判断	认识明信片的形式之美和文化内涵，形成基本的审美能力。
创意实践	培养创新意识，运用创意思维创作形式多样的校园风景明信片及明信片包装。
文化理解	理解与感受明信片特有的文化内涵和艺术魅力。

四、问题与实施

小问题	实施计划
1. 什么是明信片？明信片是如何产生的，它有何功能？	资料搜集
2. 明信片包含哪些元素？你觉得明信片的美体现在哪些方面？	案例分析
3. 如何设计和制作一张明信片？	

五、实施过程

任务一：触摸历史感受美——明信片的故事

1. 阅读何农的散文《明信片的故事》，谈一谈在过去的岁月中，明信片扮演着怎样的角色。

_____

_____

2. 搜集明信片的相关资料，了解明信片的定义、发展历史、特征及使用方式，比较其与传统信件和电子邮件的不同。

	特征	特点	邮资
明信片			
传统信件			
电子邮件			

任务二：分析要素寻找美——明信片的构成

1. 一张小小的卡片，为何能够飞越千里，寄托情思？在这张卡片上隐藏着怎样的玄机呢？仔细观察，找一找全新的明信片的正面和背面分别有哪些元素呢。

明信片		元素
正面		
背面		

047

创造美好生活

2. 小小的明信片带着友人的祝福飞越千山万水来到我们身边，你们知道使用过的明信片上多了哪些元素吗？试着找一找。

邮寄出的明信片

任务三：畅游校园绘制美——绘制校园专属明信片

明信片有特定形式和规格，本次活动将围绕美好校园主题，绘制校园美景，并制作成有个性、有特色的明信片。

知识卡片

① 明信片尺寸规格：中国标准邮资明信片规格一般为 148 mm×100 mm，制作时一般留 2 mm 出血，即制作尺寸为 152 mm×104 mm，为保证印刷质量，制作分辨率至少 300 dpi，制作时采用 CMYK 颜色模式。

② 明信片纸张选择：最好是 250 g 以上的卡纸，这样的纸比较厚，邮寄过程中不易折坏。纸张一般有铜版纸、哑粉纸及各种特种纸可供选择。

③ 在线制作明信片：当前网络上有在线制作明信片的服务，一般常见的照片冲洗网站都可以制作明信片，尺寸与传统明信片接近，正面图案可由用户自己选择制作。另外中国邮政集团总公司还与部分网站合作，推出中国邮政明信片在线制作，用户可以在网上制作明信片，填写地址后，邮局负责打印和邮寄，最后收到的是有邮戳的明信片。

1. 选出你最喜欢的校园场景：校园里教学楼、体育馆等建筑和多姿多彩的植物一起组成了美丽的校园风景，你喜欢校园中的哪片风景呢？小组讨论后，填写下面的表格。

我喜欢的校园风景	理由

校园采风——选景

可以动手制作一个取景框，用它帮助观察和选景，有助于选出理想的角度，形成完整的构图。所谓理想的角度，一是有利于表现所画对象，二是有利于确定画面透视。

在选择校园风景时，我们可以设定一些有意义的主题，如"四季""场馆""雕塑""景观"等，进行重点表现，突出主题。

2. 对风景进行构图取舍：我们在写生过程中应该如何对风景进行取舍，如何处理画面的主次关系？小组讨论，记下讨论结果，并绘制风景构图草图。

如何取舍	
构图草图	

整理图片——框景

很多时候，面对纷繁复杂的景物，我们在画风景作品时不能像摄影一样完全复制下来。要学会对画面进行取舍，分清楚哪些才是我们的表现重点，对次要元素和影响画面表达的元素进行适当的删减，这样才能主次分明。

3. 绘制校园风景：在观察与起稿、刻画、上色、调整收拾这几个步骤中，你觉得最重要的是哪一步呢？每个环节有什么值得关注的地方？小组讨论并说出你们的理由。胸有成竹之后，再开始动笔。

绘制风景——表现

1. 观察与起稿

选好景物后，首先进行构图，确定建筑和植物的大致关系。铅笔起稿，用简练的线条完成，注意要符合透视关系。

2. 深入刻画

画面大关系初步确定后，可以对画面的细节进行处理，如建筑的结构、门窗和墙壁等，树木的树冠、树干，注意主次关系。

3. 整体上色

上色一般是自上而下、自左而右、由远及近。当然也要根据所使用的上色工具而定。表现时，一般遵循以下规律：远景要深远概括、近景要充实丰富。远处色调冷、近处色调暖。先铺大色调，再处理小细节。

4. 调整收拾

在整体上色之后，要从画面的整体感觉出发加以调整、充实。使画面色彩和造型趋于完整和丰富。

图书馆线稿与完成图　鲁雨辰绘

钟楼线稿与完成图　沙景雯绘

校门照片与手绘完成图　张祥龙绘

4. 制作校园风景明信片：完成风景的绘制后，我们需要挑选出合适的校园风景作品，扫描成图片，排版设计，选择纸张，送到广告公司完成最后的合成与印制。

体育馆主题明信片电脑排版效果　赵越绘

制作完成的校园风景明信片

任务四：书写情谊传播美——书写我们的明信片

因为明信片大小的限制，不可能在上面书写太多的文字，同时由于其公开性，也不能写一些很隐私的文字。你的明信片想寄给谁，你想在上面写些什么内容呢？

1. 请大家认真思考，在自己绘制的校园风景明信片上书写情谊，寄给最想分享的人吧！

2. 想一想，如果要将明信片寄到朋友手中，还缺少哪个步骤呢？

拓展活动

我们平时购买的明信片都是一套好几张用纸质或塑料包装包在一起，想一想，如何给我们的明信片设计一个别致的包装？

我选择的包装材料	信封
我的设计思路	
制作步骤	例：巧用信封制作包装 步骤一：准备一个信封，并将信封进行如下裁切。

049

制作步骤	步骤二：将裁切好的不同形状的信封局部用作不同位置的封套。
	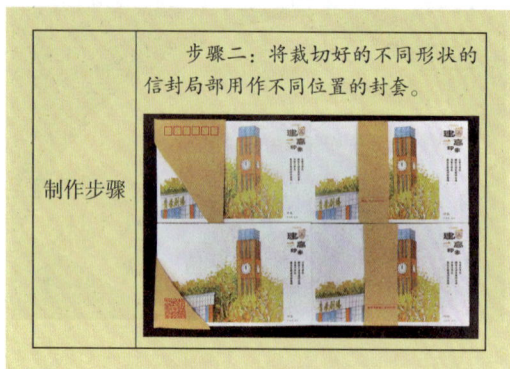

六、展示与评价

我的学习反馈单
1. 在写生的过程中，你遇到哪些困难？　教师建议：
2. 在后期的色彩处理上，你觉得自己还存在哪些问题呢？　教师建议：
3. 你对自己的作品满意吗？在括号里画"√"。 非常满意（　　）　　比较满意（　　） 一般（　　）　　不太满意（　　）
4. 你觉得你的作品中有哪些亮点？（举例说明）
5. 本次活动中，我们创作了大量的校园风景作品，你觉得除了做明信片，还可以设计制作哪些校园文创产品呢？

创造美好生活

七、活动反思

本活动将绘画、设计、文学结合起来，把传统美术教学中的风景写生转换为描绘学生最熟悉的校园风景，并将校园风景绘画与风景明信片文创相结合，开发出一项能吸引学生关注并积极参与的综合美术实践活动。本次活动通过设置"设计一款有特色的校园手绘明信片"这一项真实的学习任务，让学生在校园现场写生，将自己对学校的情感融入绘画创作中。为了让学生能够更好地完成本次学习任务，教师将学习过程分为"触摸历史感受美、分析要素

寻找美、畅游校园绘制美、书写情谊传播美"四个阶段，并在每个阶段为学生提供了相应的学习单，搭建学习支架，辅助其完成学习任务，实现学习目标。在完成活动任务的过程中，学生了解了明信片这一传统通信方式的历史和发展，也感受到了这一特有通信方式中包含的质朴的情感。当学生的手绘作品成为明信片返回到他们手中时，每个人都觉得特别惊喜，他们迫不及待地想将自己的作品和亲友分享。大家怀着喜悦的心情书写明信片，寄出明信片，实现和完成了明信片的价值和使命。教学也在这一系列真实而生动的情境和体验中实现了原定的目标。

八、拓展链接

从前慢

木心

记得早先少年时
大家诚诚恳恳
说一句　是一句

清早上火车站
长街黑暗无行人
卖豆浆的小店冒着热气

从前的日色变得慢
车，马，邮件都慢
一生只够爱一个人

从前的锁也好看
钥匙精美有样子
你锁了　人家就懂了

1. 朗读当代诗人木心的作品《从前慢》，想一想这首诗表达了诗人怎样的心情。

_____

2. 这首诗对今天的我们有怎样的启发？

_____

饕餮美食 寻味南京

学科：美术、劳动　　知识点：海报设计、美食制作、表演

《白门食谱》中的南京美食

张通之（1875～1948），南京六合人，曾任金陵女子大学教授，他的《白门食谱》，"予广其义，取金陵城市乡村"，所录食物都是普通大众常见的、市肆店铺常售的、寻常百姓可做的，反映了民国时期南京的饮食特点，为我们了解南京饮食文化和饮食习俗的变迁提供了十分珍贵的文献资料，至今仍具有实用价值和指导意义。让我们一起来看看《白门食谱》中的市井美食。

三铺两桥陶府酥鱼

三铺两桥陶子仪先生自浙江辞官归里，对于饮食颇善研究。自言曾食酥鱼，得其作法，系用五寸长鲫鱼，将鳃与内部脏肠去净，放瓦钵内，用上等酱油与绍兴酒及麻油、葱与姜少许同放钵中，以文火炖至半日后，汤将干，鱼香出钵外，然后取食，骨刺皆酥而可食，其味绝佳。

仓巷韩复兴咸板鸭

韩复兴之板鸭，肥而且香，亦久闻名于外。盖其鸭之肥，喂以食料，待其养成。至其肉之香而嫩，亦咸之适宜，有一定之盐，与一定时。又闻食时，其煮之火候，亦有一定。予家曾在该铺购一肥咸鸭，煮熟时，味之不香与肉之不嫩，比之该铺之所售者，大不相同。问店主，彼曰："此即煮之时太过也。"

安将军巷李府糯米冬笋肉圆

仿徽州作法，另以冬笋尖，细切加入肉圆内。其外糯米，亦选择其颗粒，无一沙稗。作成，放蒸笼内，下垫豆腐皮，食时外洁白，而内味极鲜美，胜过徽州之制多矣。"

三坊巷郑府烧大鲫鱼

古者妇主中馈。金陵一般大家妇女，多善于烹调。昔郑府烧鲫鱼之美，予父尝称道之。予大姊往问其法，曰："购得大活鲫鱼，将腹内肠脏等去净，腹内有黑色似皮者与鳃亦去净，用清水一再洗之，勿使存一点不洁；鳞亦去净；然后将子置腹内。以猪油先煎，再入好酒，与上等酱油煮之，火候一到，盛食。"其味之美，任何菜不及也。

车儿巷苏府粉黏肉

苏府为安徽大族，代有闻人。篾丞老友之子名健国，为予弟子。一日，篾丞谓予曰："予家善作黏肉，当请先生一食。"约期予往其家，食未久，粉香肉已好，荷叶之清香，腾满座上。予举箸去叶食之，粉香肉透，多食而不厌，与饭馆中之所作，迥不相同。盖选肉与粉，及外叶之清洁，火候之恰好，无一不有讲究焉。

创造美好生活

一、活动背景

南京的饮食以金陵菜著名，是苏菜的四大代表菜之一。金陵菜起源于先秦，隋唐已负盛名，至明清成流派，民国时至顶峰，民国时的金陵菜享有极高声誉，有"京苏大菜"之称。

本次活动从"如何宣传家乡美食？"这一问题出发，让学生成为城市美食推广大使，通过这一真实情境，在"寻一寻""尝一尝""说一说""做一做""绘一绘""演一演"等活动中全方位了解、宣传、展示南京美食，实现活动目标。通过本次活动，学生可以从美食中了解城市历史、文化，"寻味知史"，探究美术与饮食文化的关系，体验劳动创造生活、创造美的意义。

二、活动目标

1. 了解南京美食及相关历史。

2. 探究美术与饮食文化的关系。

3. 培养搜集、查阅、整理和提炼总结资料的能力及团队合作的精神。

4. 尝试运用所学知识进行地方美食的视觉宣传及展示设计。

5. 提高对地方美食价值的认知，培养学生的创新精神及城市主人翁意识。

三、核心素养

美术表现	能够通过观察、想象、构思和表现等过程创造视觉形象；能结合其他学科知识，自觉运用美术的方式解决实际问题。
创意实践	培养创新意识，运用创意思维设计美食海报/小报/地图。
审美判断	认识中国饮食文化，能从艺术和美学的角度理解和欣赏美食，形成正确的审美判断。
文化理解	从文化角度观察和理解南京美食，感受中国美食文化的博大精深。

四、问题与实施

小问题	实施计划
1. 南京美食的发展历史和主要特色是什么？在众多美食背后有哪些有趣的历史故事？ 2. 你最喜欢的南京美食是哪一种？和大家分享一下吧。	资料搜集
3. 探寻南京美食的现状，相关宣传是否到位？我们可以通过哪些方式来宣传家乡美食？ 4. 你家附近有哪些南京特色美食？和大家分享一下吧。	实地考察 美食分享
5. 南京有哪些特色美食是可以试着去做一做的？从哪里可以找到制作美食的方法和步骤？	美食制作
6. 美食海报/小报/地图的设计有哪些特点？包含哪些要素？ 7. 如何设计美食海报/小报/地图？如何将我们找到的南京美食元素融入海报设计？	海报创作
8. 如何将南京美食故事演绎出来，做好城市的美食宣传大使？	宣传演绎

五、设计方案

前期学习　探究与积累（创设情境）

收集南京美食相关信息，关注南京传统美食文化。　　探索南京美食背后的故事，寻找南京美食的根与源。

⬇

项目实践　建构与创新（行动参与）

"寻一寻"寻找南京传统特色美食　　"做一做"学习南京美食制作过程

"尝一尝"品尝南京美食独特风味　　"绘一绘"绘制南京美食海报或美食地图

"说一说"戏说南京美食背后故事　　"演一演"争做南京美食推广大使

⬇

展示评价　思维拓展与延伸（收获成果）

小组为单位汇报自己的相关研究成果以及作品。（可以是相关的研究报告、故事表演、劳动实践视频、宣传海报、文创产品等）　　学生自评、互评，教师给予点评指导并总结。

六、实施过程

驱动问题：如何宣传家乡美食？

南京作为中国历史文化名城，不仅有着悠久的历史和丰富的文化遗产，还拥有着独特的美食文化。说起南京美食，我们首先就会想到南京的"鸭肴"，有盐水鸭、烤鸭、板鸭，还有鸭血粉丝汤、鸭油烧饼等。至于其他美食，更是数不胜数。孙中山先生曾感慨：中国近代文明进化，事事皆落人之后，惟饮食一道之进步，至今尚为文明各国所不及。

你吃过哪些南京美食？你觉得南京美食的代表是什么？如果你是南京美食宣传大使，你会如何向外地朋友推荐南京美食呢？

任务一：美食情报初探

小组合作，每人推荐一道菜品，填写下方表格。

美食名称	产生时期	菜品特色	代表（美食店）

任务二：名人美食故事考察

南京地理位置优越，南来北往，名流商贾云集，造就了南京菜品口味的南北糅杂，也流下了一段段有趣的名人美食故事。比如我们熟悉的明太祖朱元璋最爱吃鸭；大才子袁枚不但爱吃，还写下了《随园食单》。你还知道哪些南京美食背后的名人趣事呢？将你知道的写下来并和同学们做个交流吧。

美食名称	名人	故事

任务三：我的美食推荐单

请大家利用周末时间，去尝一尝地道的南京风味，并根据实地品尝结果，填写一份美食推荐单。

美食推荐单	
我最喜爱的南京美食	
美食名称	
美食店名	
地理位置	
美食照片／手绘	
美食评价／推荐理由	
其他意见或建议	

任务四：学做地道南京美食

南京菜的烹饪方法很多，以炒、煨、炸、烩、烤、拌、烙为主。菜式也有很多，有汤类、腌制类、烧烤类、烹调类、炒菜类等。请你请教家中长辈，也可以上网查阅相关做法，学习做一道南京菜，并记录下制作的过程。

美食名称	
食材准备	
做法步骤	
作品展示（粘贴照片）	

任务五：设计南京美食宣传海报／小报／地图

根据前面任务中搜集到的信息，各小组选择南京特色菜品进行美食海报／小报／地图设计制作，或者设计美食文创产品等。

1. 我的美食海报。

（1）海报又名"招贴"或"宣传画"，它是平面广告的一种，是用作对外宣传、传递消息的张贴物。先来看看下面的示范案例，小组合作，思考论述两个问题。

创造美好生活

示范案例	讨论思考
鸭血粉丝	① 美食海报中应该有哪些元素？
	② 美食海报中的色彩应该如何搭配？
沙景雯绘	

（2）设计美食海报，注重体现相应的元素，画面构成和色彩搭配应和谐，富于美感。

我的设计方案	
海报名称	
作品风格	
设计草图	
设计理念	

2. 我的美食小报。

（1）除了设计美食海报，我们还可以根据自己的宣传主题画一些有趣的美食小报。美食小报和美食海报相比，在设计表现上有什么不同？

示范案例
 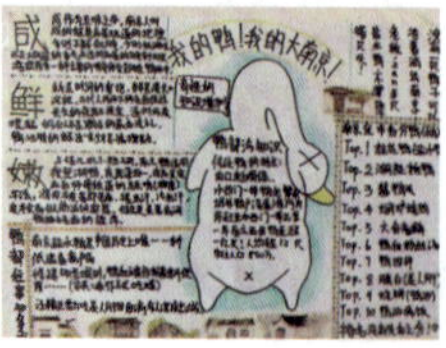 学生作品　　　　　　学生作品
讨论思考： 美食小报和美食海报相比，在设计表现上有什么不同？ ＿＿＿＿＿＿＿＿＿＿＿＿＿＿

（2）各个小组根据组员们推荐的美食，合作制作一张宣传小报，也可以主打推荐某种美食。

我的美食小报	
小报名称	
作品风格	
小报效果	
设计理念	

3. 我的美食地图。

南京有很多特色美食街，比如以秦淮风味为代表的夫子庙美食街、以南京传统美食为主的科巷美食街、被称为"大型美食集散地"的五福街美食街等。如果有外地朋友来南京，你会推荐他们去哪里"打卡"呢？找出你身边的宝藏美食街，并画一幅美食地图送给外地朋友吧！

（1）观察下面的示范案例，想一想美食地图中应包含哪些元素，填写下表。

示范案例：我的美食地图	讨论思考
	美食地图中主要包含哪些元素？
沙景雯绘	

（2）绘制我的美食地图。

我的美食地图	
美食地图的区域范围：富春江东街	
我的设计草图	
 沙景雯绘	设计思路： 　　我们学校门口富春江东街就是美食一条街，所以以此为创作原型，将这条街上我们认为好吃的店全部收录其中，希望给美食达人们一个参考。
我的最终作品	

创造美好生活

七、展示与评价

1. 举行以"寻味南京"为主题的南京美食宣传汇报展，运用 PPT、微视频、表演等多样的展示方式，向外地朋友推荐、展示南京美食，对学习过程和成果进行展示。

"寻味南京——我为家乡美食点个赞"小组展示方案	
展示主题	
展示方式	团队 / 个人
展示内容	现场表演（　　　）视频展示（　　　） 实物展示（　　　）
展示人员	
任务分工	
展示步骤	
展示亮点	

2. 运用评价量规实现自我评价。

八、活动反思

美食是学生们都非常感兴趣的话题，如何将美食和美术学科结合起来，设计一个既创新又有意义的综合活动？

本活动为学生设定了城市美食宣传大使这一身份，引导学生通过"寻一寻""尝一尝""说一说""做一做""绘一绘""演一演"等活动，在真实情境中，了解、宣传、展示南京美食，大胆发布自己的成果。通过这一活动将绘画、设计与劳动、表演糅合起来，组织学生体验多种学习方式，调动多种感官，全方位、立体化、深入地认识、了解南京美食，并在此基础上产生自豪感，发自内心地推广南京美食文化。

九、拓展链接

纪录片《舌尖上的中国》第一季、第二季。

张亦庵，夏丏尊，徐蔚南.旧日滋味：民国名家美食记［M］.北京：北京日报出版社，2015.

王稼句.南北风味［M］.北京：九州出版社，2023.

创造美好生活

"寻味南京——我为家乡美食点个赞"评价量规				
	评价维度	自评 （0-10分）	组内评 （0-10分）	教师评 （0-10分）
知识与技能 （40分）	你是否了解南京美食的历史和文化？			
	你能否说出关于南京美食的小故事？			
	你是否掌握 1～2 种南京传统美食的制作方法？			
	你是否学会制作美食海报 / 小报 / 地图的方法？			
过程与方法 （20分）	在学习过程中，你是否学会运用综合创作的方法和手段，如绘画、表演、朗诵等形式进行成果汇报？			
	在小组合作的过程中，你是否能够勇于表达自己的观点，并能积极参与到学习活动中？			
情感态度 价值观 （20分）	在小组合作的过程中，你是否能够尊重他人意见，实现和团队成员的互助合作？			
	你是否能够站在客观公正的立场上对自己或他人的作品进行评价和分析？			
自我评价 （20分）	如果让你为自己 / 本组的作品打分，你会打几分？			
	如果让你为自己在本单元学习中的综合表现打分，你会打几分？			
总分				
本次活动中，你有哪些收获或有哪些想法？				
教师点评				
总评	优秀（　　）良好（　　）合格（　　）不合格（　　）			

鲜明可爱　城市形象

学科：美术、语文、历史　　知识点：吉祥物设计、绘画、文案设计

"冰墩墩"的浪漫与惊艳

"能引起全球的共鸣，说明'冰墩墩'形象无疑是很'中国'的。你在它身上几乎找不到我们过去常用的古老中国元素，比如祥云、龙凤、如意等，它呈现出来的是一种非常科技、未来的中国味道。"北京 2022 年冬奥会吉祥物设计总执行、广州美术学院视觉艺术设计学院副院长（主持工作）刘平云说。

做一个"符合这个时代需要的形象"，这是大家达成的共识。刘平云和团队决定走出浅层次的元素堆砌，开启更加大胆和自由的创想——

"我来自江西新余，小时候如果碰上下一场雪，是要快乐好多天的。冰天雪地、冰糖葫芦，是我们作为南方人从小以来对于北方的美好想象。"基于这种想象，像糖葫芦一样的冰晶外壳最先被敲定下来，奠定了整个设计的基础，并且呈现出了令人惊喜的未来感。

"熊猫一直以来是中国最为世界所熟知的形象代表，这一次，我们仔细研究了时下年轻人的审美和消费趋势，采用更受喜爱的'萌文化'。"于是，胖乎乎、手握爱心、憨态可掬的熊猫形象一出，引得无数网友直呼"好想摸一摸"。

"考虑到在地性，我们增加了国家速滑馆'冰丝带'元素的流动色彩线条，象征冰雪运动赛道和 5G 高科技。"彩色冰丝带一"上脸"，立即打破了熊猫原本单一的黑白色彩，向世界展现古老大国今日绚烂多彩的腾飞气象。

"要想符合新的需求，必须寻求视觉上的突破，我们就用三维技术来拓宽视觉表现的边界。"这个导向下，团队中做三维动画的老师很快便"不够用"了，广州美术学院又紧急扩充了两位进来，形成了最终的 14 人团队。

不变的是国宝熊猫，变化的是设计方式、表现形式，刘平云坦言，在"盼盼""晶晶"和"冰墩墩"的身上，人们可以清晰地看到中式审美在传承中不断发展。"这种变化，也体现出我们正在更加从容地走在文化自信的道路上。"

（参考：刘梦《顶流"冰墩墩"的浪漫与惊艳》，载《光明日报》，2022-02-19）

冰墩墩

"冰墩墩"设计手稿

一、活动背景

吉祥物是人们出于某种目的（活动主题、地区／企业形象等）而设计的标志性形象，象征欢乐吉祥，内含美好企盼。吉祥物的设计既可以选择动物、人物形象作为创作原型，也可以展开想象，创造出从未有过的形象，并赋予其鲜明的个性。北京冬奥会的吉祥物"冰墩墩"和"雪容融"可以说是萌化了全世界人的心，成为冬奥会上一道亮丽的风景。

本次活动将吉祥物设计和南京文化相结合，请学生结合南京城市文化特色中的一个或多个元素，设计一款城市吉祥物。鼓励学生通过此项活动了解城市的历史和文化，并运用自己的设计宣传家乡南京。

二、活动目标

1. 了解南京地方历史文化，发掘南京特色文化相关元素。

2. 学习吉祥物的设计方式、设计步骤及创意表达方式。

3. 尝试将设计的吉祥物形象运用到文创产品中，实现设计作品的产品价值。

4. 通过本次活动，让学生更加关注家乡文化，产生热爱家乡文化的美好情感。

三、核心素养

图像识读	能够对不同吉祥物进行造型、色彩等设计元素的对比分析。
美术表现	能够通过观察、想象进行构思和表现，创造吉祥物形象。
创意实践	培养创新意识，运用创意思维创作美术作品。
文化理解	理解不同吉祥物背后的文化内涵。

四、问题与实施

小问题	实施计划
1. 什么是吉祥物？你知道哪些有代表性的吉祥物？	资料搜集

小问题	实施计划
2. 吉祥物的审美特点和功能价值分别是什么？ 3. 什么是城市吉祥物？城市吉祥物有什么特点？	资料搜集
4. 南京城市文化中有哪些代表性元素？ 5. 在南京城市吉祥物设计中可以借鉴哪些特色元素？ 6. 如何将这些特色元素和城市吉祥物结合起来？	案例分析 注重对过程性材料的收集和记录
7. 吉祥物设计的方法和步骤是什么？我们在吉祥物平面图的设计和表现过程中，可以用到哪些方法？ 8. 如何为我们设计的吉祥物写一段宣传文案？ 9. 我们可以为设计的吉祥物开发哪些文创产品？	创作实践

五、实施过程

任务一：吉祥物形象相关资料搜集及研究

在一些大型活动中，常常可以看到吉祥物的身影。比如我们熟悉的奥运会，从 1972 年慕尼黑奥运会首次出现吉祥物开始，每届奥运会上，我们都能看到象征着不同国家文化、各具特色的吉祥物。

1. 想一想，除了奥运会这样的大型活动，我们还能在哪里看到吉祥物呢？举例说明。

2. 选择一款你喜欢的吉祥物，分析它的形象来源、特色元素、精神价值等，填写下方表格。

吉祥物	例：雪容融
形象来源	大红灯笼。灯笼具有鲜明的中国文化特色，是欢乐喜庆和"瑞雪兆丰年"美好寓意的完美结合。

续表

特色元素	头顶有一个如意环，被雪覆盖住的一段纹样是长城的城墙图案，下一层为剪纸图案，采用正负形的设计手法，正形是北京"京鸽"，负形为天坛的剪影，双足上还围绕有一圈如意纹。
精神价值	寓意点亮梦想，温暖世界，代表着友爱、勇气和坚强，体现了冬残奥运动员的拼搏精神和激励世界的冬残奥会理念。
产品开发	钥匙链、玩偶、冰箱贴等

3. 吉祥物为什么能够突破国界、语言文化甚至宗教信仰，受到全世界各族人民的喜爱呢？小组讨论，分析其背后原因。

_____

任务二：城市吉祥物相关资料搜集及研究

城市吉祥物是城市形象与文化的载体，展现着城市的核心价值或历史文脉。

1. 利用互联网搜集国内外城市吉祥物的资料，尝试分析，城市吉祥物和其他类别的吉祥物相比，在设计上有什么不同？

_____

2. 推荐一款你认为比较有设计特色的城市吉祥物，填写表格并和大家分享你的推荐理由。

吉祥物名称	例：海南文昌城市吉祥物"椰宝宝""紫贝贝" 刘洪龙设计
形象来源	融合文昌"椰子之乡"的椰子和国际航天城的航天员形象。
特色元素	水纹、绿叶纹、如意纹等元素，展示了文昌独特的自然资源和城市特色。
精神价值	"椰宝宝"和"紫贝贝"面带笑容，张开双手欢迎海内外来宾畅游文昌，感受国际航天城、美丽幸福新文昌。

续表

推荐理由	形象可爱，色彩简洁、大气，能将"椰子之乡"和航天城的城市特色很好地融入设计中。

任务三：吉祥物设计方法分析及南京地方文化特色元素搜集

1. 我们生活的城市南京，有哪些鲜明的文化特色元素？将小组讨论的结果填写在下面的表格中。

美食	
景点	
文化	

2. 观察 2010 年南京名城会吉祥物设计图，你能找到哪些和南京有关的特色元素？设计师是如何将这些特色元素组合到吉祥物形象上的？

▬ 知识卡片：名城会 ▬

世界历史文化名城博览会，简称名城会，首创于 2004 年，每两年举办一次。2010 年南京名城会以"文化，让城市更精彩"为主题。

吉祥物	明明	诚诚	卉卉
特色元素			
如何运用于吉祥物			

3. 请大家尝试将找到的南京城市特色元素组合到卡通娃娃的身上。（可以调整娃娃动作，也可以用动物造型）

	特色元素
	娃娃头部：
	娃娃身体：

任务四：南京城市吉祥物形象设计实践

1. 猜一猜，最右边吉祥物的形象来源于什么呢？你能为它起个好听的名字吗？

南京城市形象吉祥物　沙景雯设计

2. 请大家根据自己选择的特色文化元素，画一幅城市吉祥物的草图，并填写下方表格。

我的设计草图
（表中填入了学生的设计作为示例）

"呀！蓝鲸"系列　学生作品

形象来源	特色元素
鲸鱼、鸭子。	蓝色、黄色元素。

形象特点
造型可爱，一大一小融合在一起，色彩对比鲜明。

设计说明
这个形象源于南京人口语发音中"n""l"不分，所以会把"南京"发音为"蓝鲸"，又因为南京人喜欢吃鸭，所以将两者做了一个有意思的结合，将鸭谐音为"呀"，变成了"呀！蓝鲸"，就很有方言的喜感。

任务五：南京城市吉祥物形象的产品化实践

文创产品，即文化创意产品，指依靠创意人的智慧、技能和天赋，借助于现代科技手段对文化资源、文化用品进行创造与提升，通过知识产权的开发和运用，而产出的高附加值产品。

南京城市形象文创产品设计　沙景雯设计

1. 你们设计的城市卡通形象可以开发出怎样的文创产品呢？小组讨论，并填写下方表格。

我们的城市文创产品
（表中填入了学生的设计作为示例）

我们想开发的产品	例：盘子、玩偶、立体挂件（毛线，亚克力）、毛毡、橡皮、手办（盲盒）、卫衣、T恤、桌垫、笔袋（透明/不透明）、笔筒、水杯、手表（表带等）、冰箱贴、手机壳、挂钩、开瓶器、帆布袋、口罩、团扇等。
我们的制作流程	方式一：手绘草稿→修改调整→勾线→上色→扫描作品→厂家制作。 方式二：选择材料→设计草图→定制。 方式三：手绘→买材料→DIY（自己动手做）。
成品展示	例： 《呀！蓝鲸！》手绘包

2. 好的设计更需要好的文案宣传，请你为自己的设计写一个有趣的宣传文案吧！

_____

_____

六、展示与评价

1. 举行城市吉祥物设计作品发布会，由学生评委、教师评委进行评分。

城市吉祥物设计评分表			
评分项目	评分内容与分值	得分	说明
主题性	符合主题，充分体现城市特色。（20分）		
美观性	视觉综合表现力好，造型美观、构图饱满、色彩协调。（40分）		
创意性	造型新颖、独特，有能体现地方文化特色的元素。（20分）		
实用性	开发的相关文创产品实用性高，有一定市场价值。（20分）		
总分			
综合点评	评委签名：		

2. 从评选出的优秀作品中选择某几款设计稿制作成真实的文创产品，如文件袋、笔袋、书签等，可以作为学校特色文创礼品在交流或招生活动中使用。

七、活动反思

本次活动将吉祥物设计和城市形象设计结合起来，让学生寻找城市中的特色元素，将其拟人化、形象化。从分析经典到自主设计，从绘制草图到最后的实体文创，带着学生体验了"像艺术家一样创作"的完整的实践过程，实现了活动目标。

八、拓展链接

乔继堂.图说中国吉祥物［M］.北京：中国社会科学出版社，2020.

善本出版有限公司.吉祥物的创作与应用［M］.武汉：华中科技大学出版社，2019.

阎评.吉祥物设计［M］.西安：陕西人民美术出版社，2003.

留住四季　压花艺术

学科：美术、生物　知识点：工艺美术、植物标本制作

活动预热

从植物标本到压花艺术

压花（押花）是将大自然中的花卉植物经过整理、加工、脱水处理，在保持其原有色彩和形态的基础上融入创作者的巧思，粘贴制作而成的一种艺术品。普遍认为这项艺术起源于植物标本制作。

植物标本最早可以追溯到古埃及陵墓中发现的橄榄枝叶。世界上保存最完整、最古老的植物标本书籍 *Petrus Cadé Herbarium*（1566），目前存放于荷兰国家植物标本馆。真正的压花起源于19世纪的欧洲，在维多利亚女王时代，平面压花在上流社会很流行，维多利亚女王就是一个压花高手，她还亲自为王子洗礼的邀请函设计压花。到了20世纪50年代以后，日本开始流行压花，日本人把现代的科技用于压花，推出快速脱水、压平新鲜花草的工具和材料，并融入美工技巧和独具匠心的巧思，增加了压花作品的艺术性和美感，使压花更为普及。

在我国，以植物叶作为艺术品可以追溯到千年以前。唐代诗人柳宗元就有"闲持贝叶书，步出东斋读"的诗句，这里的"贝叶"指的就是菩提叶。中国的书画家有利用植物叶来作书作画抒写胸怀、寄托情感的传统。善绘道释人物的明代画家丁云鹏就曾用菩提叶作罗汉图多帧，所绘罗汉线条流畅，"丝发之间，而眉目间态毕现"，堪称艺术珍品。

摩洛哥王妃格蕾丝·凯利（Grace Kelly）的压花作品

明，丁云鹏款菩提叶绘十八罗汉，香港慈山寺佛教艺术博物馆藏

一、活动背景

爱默生说："大地以花来微笑。"压花艺术让鲜花跳脱出凋零的轨迹，赋予它们全新的生命。人们运用压花技术保留植物的色彩和形态，再经过精巧构思和艺术设计，粘贴制作成艺术品，给人带来美的享受。压花艺术是生物和艺术的完美结合，所有的材料都来自自然草木，材料易获得，制作方法简单易操作。

本次活动将美术和生物学科融合，带领学生从另一个角度对校园植物进行探究，发现自然之美，生活之美，记录美好，并用压花艺术凝固美好。

二、活动目标

1. 学习并了解压花艺术的历史和发展。

2. 了解压花艺术的基本工具、材料，学习并掌握压花的方法。

3. 通过实践操作压花全过程，完成压花学习记录表。

4. 学习掌握压花的设计、拼贴、装裱等方法。

5. 通过与天然植物材料的亲密接触，提高对自然探索的热情和好奇心，培养想象力和提升美学修养。

三、核心素养

图像识读	能够从压花的构图、色彩、肌理等方面发现压花艺术的视觉之美。
美术表现	能够运用身边的植物材料围绕学习主题进行压花创作。
创意实践	培养创新意识，运用创意思维创作压花艺术作品。
文化理解	认识压花艺术的文化内涵和独特的艺术魅力。

四、问题与实施

小问题	实施计划
1. 什么是压花？压花最初的功能是什么？ 2. 你知道压花发展的历史吗？我国的压花艺术是什么时候出现的？	资料搜集

小问题	实施计划
3. 校园里有哪些植物？哪些植物适合进行压制？根据植物种类的不同，我们在搜集植物的时候需要注意什么？ 4. 植物中含有的水分不同，如何进行脱水处理，在脱水中需要注意什么？ 5. 不同植物在压制过程中有什么需要注意的地方？ 6. 压花的材料有替代物吗？	植物采集、处理 注重对过程性材料的收集和记录
7. 如何设计一款压花图案呢？在设计过程中有哪些需要注意的？如何搭配？ 8. 压花作品可以如何装裱？ 9. 我们还能用植物材料制作哪些工艺品呢？	压花工艺品制作

五、实施过程

任务一：搜集资料，了解压花的概念，发展历史及现状

压花，又称押花，是指利用物理和化学方法，将植物材料经脱水、保色、压制和干燥等科学处理而制成平面花材的过程。压花艺术是利用压制好的花材作为创作的基本材料，依其形态、色彩和质感，设计制作成具有观赏性和实用性的植物制品的一门艺术。压花艺术品的造型可以是人物、动物、风景，也可以是植物或原花的再现。

压花最早用于植物标本的保存，压花是用怎样的方式保存植物的原貌的呢？

1. 对比压花前后植物样貌，看看植物发生了哪些变化？

植物名称	压花前	压花后
金星蕨	例：色彩鲜艳	例：颜色变深、形态平面化

续表

植物名称	压花前	压花后
雪见草		
	例：植物呈现柱状	例：色彩变灰，形态平面化

2. 你觉得什么样的植物适合做压花的素材呢？

_____

_____

3. 讨论思考：你觉得压花艺术和其他艺术相比，有什么特有的优势？

_____

_____

4. 根据压花艺术的应用类型，可以将其分为压花用品和压花画两大类。压花用品主要是一些日常装饰品，如书签、杯垫、灯罩、挂件等。压花画的分类则相对比较复杂，比如：按照压花方式的不同，可以分为写生式压花、插花式压花和图案式压花；按照表现题材的不同，可以分为风景压花、人物压花、动物压花；按照表现手法的不同，可以分为写实式压花、抽象式压花、中国画式压花；等等。

请你利用互联网搜集相关资料，找一找不同压花画类别对应的相关作品，分析它们的不同特点，填写下方表格。

压花画的种类		特点
压花方式	写生压花	例：将花卉的自然生态自野外移植到室内生活空间，以写生的形式来表现压花。
	插花式压花	
	图案式压花	
表现题材	风景压花	
	人物压花	
	动物压花	

续表

压花画的种类		特点
表现手法	写实式压花	
	抽象式压花	
	中国画式压花	
其他		

任务二：了解压花的工具、材料，学习压花方法

压花是一种将植物由立体变为平面的艺术，因此最关键的就是脱水和压制。在没有专业压花器的情况下，我们也可以选择自然重压法，利用身边最简单的材料，如砖头、石头、箱子或厚书等重的物品压制。还要准备好吸水的纸，如卫生纸、棉纸、报纸等。压制时，几层吸水纸叠放后放一层花材，再用重物均衡施压。注意要放在通风干燥的地方，勤换吸水纸，最好一天一次。根据空气湿度，一般7～10天花材就会逐渐变干。

压花板

创造美好生活

—— 知识卡片：压花器的使用 ——

可以购买现成的专业压花器或自己制作压花器。压花器由压花板、干燥板、海绵、吸水纸、干燥剂、密封盒/袋组成。压花板是长方形的，四周有四个孔，用四颗螺丝固定。压花时按照干燥板＋海绵＋衬纸＋植物＋衬纸＋海绵＋干燥板的顺序叠放（可重复叠加），装入密封袋，用上下两层木板加紧，静置2～5天后就可以了。注意：干燥板用来吸收花里的水分，不用时一定要密封好，防止受潮，干燥板用过后会受潮变软，可以用电熨斗压烫一下，收干水分，装入密封袋待下次再用。

想一想：如果花朵较厚（如绣球花、菊花），我们应该如何对花朵进行处理呢？

_____

_____

任务三：走进校园，搜集压花素材并正确处理材料

1. 还记得曾学过的课文《花钟》吗？不同的鲜花会在不同的时间开放。除此之外，每天从早到晚，温度、湿度也会有所不同。想一想，我们应该选择什么时间采集花朵呢？

采集时间	是否适合采摘
清晨	露水较多
上午	晴朗、花朵绽放、色泽艳丽
正午	
下午	
晚上	

2. 以小组为单位到校园中观察植物，小组成员间交流探讨校园植物的名称和特点。采集过程中要注意保护植物。

植物名称	采集时间	植物特征
例：月季	上午 9 时	重瓣花

美丽的校园植物

3. 若要用我们采集到的花材制作压花，需要先处理和加工，对花材进行分解，你知道有

哪些需要注意的地方吗？搜集相关资料，将表格补充完整。

代表植物	压制方法	具体操作
波斯菊	整朵压	
	分瓣压	一瓣一瓣分解再压制，压干后重新组合。
郁金香	半朵压	
	整枝压	

采集与分解花材

4. 每一次压花我们都会选取不同的花材，有的时候是采集的植物，有的时候是购买的鲜花。植物不同，处理的手法会有差异，压花时间也会有长有短，温度、湿度也都需要时时掌控。当然，压花也会有失败。所以，大家最好能够做一张压花记录表，记录每次压花的详细信息。

我的压花记录表		
采集地点与采集时间		
花材名称		
室内温度、湿度情况		
压花开始时间	压花取出时间	
压花前	压花后	
其他情况记录		

5. 压制好的花材要注意保存，否则花材从空气中吸收水分、氧气会变色或腐烂，也容易被虫蛀；此外，过强的紫外线会使花材褪色。

讨论思考，我们用什么方法保存，可以防止花材变质？

_____

_____

任务四：压花工艺品的制作

花草压制好了之后，就可以根据自己的喜好制作各种各样的压花艺术品了，如装饰画、书签、扇面、灯罩、吊坠等，和你的小伙伴们商量一下你们想制作出怎样的压花工艺品，一起来试试吧！

1. 压花书签制作。

知识卡片：压花书签制作

准备材料：干花花材、白乳胶、空白书签（卡纸）、纸胶带、透明覆膜。

制作步骤：

1. 先在空白书签上定好植物要摆放的位置、形式。

2. 在设计好的位置涂上白乳胶（白乳胶的面积最好要比花材大一些，不然有些花比较薄，干了之后容易翘边）。

3. 将植物放上去，压平整，等它干透（一定要压平整，不然可能会鼓包）。

4. 将透明覆膜盖在书签上，压实，不留气泡。

备注：可以多尝试几种空白书签颜色，亦可以根据植物风格上一层淡淡的水彩。总的来说，白色（黑色）比较适合色彩丰富的花材，可以很好地凸显植物的色彩和造型之美，黑色更适合深色花材；牛皮纸适合绿色、白色的植物。

异形压花书签

压花装饰画

2. 滴胶的主要成分是环氧树脂、苯甲醇、聚醚胺，具有黏度低，透明度高，耐黄变，抗折性好等特点。

你知道吗？滴胶也是一种常见的制作压花工艺品的材料哦。请大家上网搜集资料，自己制作一张学习单，完成一件滴胶压花工艺品。

我的滴胶压植物手作	
作品名称及类别	
制作材料	
制作方法和过程	
作品完成情况	

六、展示与评价

1. 以小组为单位，展示本组的压花艺术品，并推荐出组内最成功的一件作品，说出优点。

2. 填写学习反馈单和自评表，完成自评、互评和师评。

我的学习反馈单
1. 你 / 你们组在采集和制作过程中遇到哪些问题？你 / 你们是如何解决的？
2. 你 / 你们组有失败的作品吗？你 / 你们觉得失败的原因是什么？下次应该如何避免？
3. 出去玩的时候，看到了漂亮的野生植物，可以直接采集吗？为什么？

"体验压花艺术"自评表		自评	组评	师评
评价项目	评价要点	自评	组评	师评
活动表现	认真参加活动，表现积极。（10分）			
	做好资料保存及处理工作。（10分）			
	能够及时发现问题并主动处理。（10分）			
能力体现	认识校园内的植物。（10分）			
	掌握植物采集的方法。（10分）			
	能够根据不同的植物种类选择正确的加工和分解方式。（10分）			
	压花作品构图美观。（10分）			
合作发展	服从组内安排，积极参与团队活动。（10分）			
	尊重他人，乐于与他人分享活动经验。（10分）			
	团队氛围和谐、积极进取。（5分）			
学习拓展	完成其他拓展内容。（5分）			
总分（100分）				

3. 条件允许的情况下，还可以举办"校园植物书签展"。

七、活动反思

本次活动将学生们喜欢的植物标本制作和压花艺术结合起来，组织学生了解校园植物，采集植物素材，学习相关科学知识，同时，也学会用艺术的方式保存下植物最美的样子。当植物书签、装饰画被封存的一刻，也留下了对校园生活美好的记忆。本次活动，让学生发现自然的美好，尊重生命，热爱生活，鼓励学生用知识和智慧装饰、创造美好生活。

八、拓展链接

裴香玉，王琪.我的押花日记［M］.南京：江苏凤凰文艺出版社，2019.

［日］衫野宣雄.押花艺术与制作［M］.侯雪峰，译.北京：中国轻工业出版社，2005.

陈国菊，陈明莉.跟我学：图解压花（押花）用品制作［M］.北京：化学工业出版社，2017.

王丽.绮丽的押花艺术［M］.北京：中国轻工业出版社，2018.

富贵荣华　南京绒花

学科：美术、语文、历史　　知识点：鉴赏、绒花工艺

活动预热

指尖绽放的南京绒花

南京绒花是南京极具代表性和地方特色的传统手工艺品，绒花谐音"荣华"，是中华富贵文化的代表。南京绒花的历史悠久，相传始于秦朝，五代马缟《中华古今注》中就记录了秦始皇曾让他的妃子"插五色通草苏朵子"；在唐代武则天时便被列为皇室贡品，明末清初流入民间，清康熙、乾隆年间为极盛时期，主要在重要节庆及婚嫁喜事时佩戴。当年南京的三山街至长乐路一带，曾是热闹非凡的"花市大街"，经营绒花的店铺盛极一时。20世纪30至40年代，南京绒花的制作以家庭作坊为主，主要分布于城南门东、门西地区，马巷、铜作坊、上浮桥等地，全城约有四十多户，马巷就有三家有名的业户："柯恒泰""张义泰""马荣兴"。《红楼梦》里有薛夫人将宫里做的新鲜样法堆纱花儿送给园子里的姑娘们的情节，这里的"堆纱花儿"指的就是南京绒花。

2006年南京绒花被列为省级非物质文化遗产，南京市民俗博物馆为该项目保护责任单位。2010年在南京举行的第二届民间艺术国际组织世界青年大会上，南京绒花荣膺组委会荣誉大奖和世界青年眼中的最美中国手工艺奖。

这些年，绒花不仅有了更雅致和丰富的色彩，更重要的是，它逐渐跳出了原本的行当，成为表现内容更丰富的艺术形式。如今的绒花工艺品，不仅有传承传统的绒花发饰，还有结合传统融入现代时尚的胸花、各式生动可爱的动物摆件、质感细腻的绒花装饰画等。

南京绒花饰品

067

发现工艺之美

本篇作者：南京师范大学附属中学邺城路初级中学　何菁

一、活动背景

中国非物质文化遗产是中华传统文化的重要组成部分，是人民群众在长期生产生活中的伟大创造，表达了人们对生活的美好祝愿与向往，蕴含着深厚的文化底蕴。

作为南京地方非遗，南京绒花有着悠久的历史，也是一门有趣的生活艺术。我们应结合当代生活和时代发展，将传统的民间手工艺引入美术课堂，融入现代生活，在了解中热爱，在传承中创生，让传统非遗绒花焕发新时代的光彩。

二、活动目标

1. 了解南京绒花的历史发展和艺术特点。

2. 了解南京绒花的制作工艺。

3. 小组合作探究，实践仿绒花工艺品制作，培养综合探究和动手能力。

4. 运用绒条创意制作仿绒花文创产品，尝试对材料和工艺的创新。

5. 提高对绒花艺术价值的认知，激发学生对中国传统工艺的深入研究与热爱。

三、核心素养

图像识读	能够从绒花的造型、色彩、工艺等方面理解绒花艺术之美。
美术表现	运用传统及现代材料、技术制作绒花工艺品。
创意实践	培养创新意识，运用创意思维对传统工艺进行创新设计。
文化理解	理解绒花艺术背后丰富的文化内涵，感受其特有的艺术魅力。

四、问题与实施

小问题	实施计划
1. 你知道南京绒花的历史以及有关绒花的故事吗？ 2. 你知道南京绒花的发展历程吗？ 3. 你知道今天的绒花和古代绒花相比有什么变化吗？	资料搜集

小问题	实施计划
4. 走进南京绒花非遗工作坊，和非遗传承人面对面交流，总结绒花制作需要经过哪些步骤。 5. 欣赏绒花艺术品，说一说绒花艺术有什么特点。 6. 传统绒花的图案有哪些特点？有着怎样的寓意？	实地考察 注重对过程性材料的收集和记录
7. 如何利用绒条模仿传统绒花的制作工艺，制作仿绒花工艺品？ 8. 如何联系现代生活，对绒花进行创新设计？我们应如何保护、传承、创生这门地方民间艺术？	问题研讨 创作实践
9. 如何展示我们制作的仿绒花工艺品？	汇报展示

五、实施过程

任务一：查阅资料，了解南京绒花的发展历史和艺术特点

相传，南京绒花的制作始于唐代。明清时期，南京、扬州一带的绒花制作已颇具规模。当时宫廷造办处还将能工巧匠招进京城专为宫廷制作绒花，因而绒花也被称为"宫花"。每年造办处都上交不少"绒符""绒花"，春节、端午节、重阳节等节日前夕更是要增加制作量。宫廷对绒花的需求促进了绒花工艺的发展，民间妇女戴花也渐渐形成风俗习惯，促使绒花行业兴盛了几百年。南京也曾有"花市大街"，三山街至长乐路一带曾以制售绒花、绢花而闻名，一度热闹非凡。

1. 文学、书画作品中的绒花。

绒花用丝线编织，工艺精美，不仅外观雍容华丽，还谐音"荣华"，寓意吉祥富贵。绒花的产生与发展伴随着许多美好的传说。古代文学作品和书画作品中也有相关体现。请通过网络或书籍查找资料，找一找绒花的身影，并记录在下方的横线上。

_____

_____

《宋史·舆服志》中记载，男子簪花，一般插在发髻或别在鬓角，也有戴在官帽幞头上的，称为"簪戴"。花之材质，可以是时令的鲜花，也可以是丝绢、金银等仿制之花。每逢皇帝生日、宫廷宴会、祭祀典礼等场合，君臣都要戴花。南宋诗人杨万里曾在诗中风趣写道："春色何须羯鼓催，君王元日领春回。牡丹芍药蔷薇朵，都向千官帽上开。"

北宋科学家沈括在《梦溪笔谈》中也记录了"四相簪花"的故事。韩琦任扬州太守时，官署后花园中有一株叫"金缠腰"的芍药上一枝开了四朵花，他便邀请王安石等三人同赏。饮酒赏花之际，韩琦剪下这四朵金缠腰，在每人头上插了一朵。后来，参加赏花的四个人竟都先后做了宰相。明代画家仇英、清代画家黄慎都曾创作过此题材的绘画作品。

明，仇英《四相簪花图》（局部）

2. 影视作品中的绒花。

随着传统文化的复兴，美丽的绒花重新回到了大众的视野中。很多影视作品中都出现了绒花的身影。比如某宫廷剧中皇后及其他女性头上都佩戴有绒花头饰。而制作剧中绒花的手艺人，正是我们南京的非遗传承人赵树宪老师。

（1）你还能在哪些影视作品中找到绒花的身影呢？找一找，和大家分享吧！

_____

_____

（2）中国古代簪花材质非常丰富，你能举例说一说吗？你觉得绒花和《簪花仕女图》中所簪之花相比有什么不同？

_____

_____

影视剧中的绒花　　　　　　《簪花仕女图》（局部）

3. 绒花的"衰"与"兴"。

20世纪80年代后，绒花开始衰落，很多人觉得绒花"又土又老"，绒花市场遇冷，甚至到了无人问津的地步，绒花工坊相继倒闭，这门传统手艺也濒临失传。2006年，南京绒花制作技艺被列为江苏省非物质文化遗产，越来越多的人开始关注这门古老的传统手艺。而影视作品的热播，更提高了绒花的关注度，绒花成为当代年轻人喜欢的手工艺品之一。

绒花从明清时期的"兴盛"到20世纪末的"衰落"再到如今的"复兴"，你能谈谈这一现象背后的原因吗？你有什么启发？对于传统手工艺，我们应当如何保护和传承？

_____

_____

任务二：参观南京民俗博物馆绒花工作坊，了解南京绒花制作工艺

甘熙宅第始建于清朝嘉庆年间，俗称"九十九间半"，是中国大城市中现存规模最大、形制最完整的古民居建筑。甘熙宅第现在是南京市民俗博物馆所在地，是南京老城文化的见证和缩影，用于研究、展示、保护南京民俗文化及非物质文化遗产，也是全国首家民俗、非遗"双博馆"。请大家走进民俗博物馆，找一找绒花工作坊并完成以下任务。

1. 找一找、选一选、画一画。

找到绒花工作坊，在工作坊中寻找最喜爱的作品，并尝试画一画它的外形。

南京市民俗博物馆
中的绒花坊

2. 看一看、学一学、填一填。

绒花是怎样制作出来的？走进绒花非遗传承人的日常工作，和非遗传承人面对面交流，了解绒花的制作工艺，将下面的填空补充完整吧。

使用工具

制作绒花使用的工具主要有_____，辅助性工具有煮绒器具、晾晒器具、烧铜丝器具等。其中，勾条和打尖均使用剪刀，劈绒的刷子一般用_____毛做成。

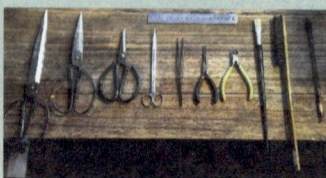

制作过程

① 炼丝：刚购入的生蚕丝不可直接使用，必须用碱水煮熟，但时间不宜过长，煮后的蚕丝又叫熟绒。炼丝主要是为了去除生丝中的氧化物和杂质，剩下纯净的纤维，使得绒花能保存上百年依旧鲜艳如初。

② 染色：染色即把白色的熟绒染成适宜佩戴的各种颜色。将染过色的熟绒套于晾晒器具上，晾晒时须勤翻，使熟绒干湿均匀，并将其绷直。

③ 制作铜丝：用木炭的文火将铜丝烧至退火软化，才可以使用。

④ 劈绒：将每一股染色晾晒后的熟绒按制作所需进行排列，并用毛刷不断梳理熟绒，使之顺畅、均匀。

⑤ _____：取一根铜丝对折，一端捻少许螺旋状，分叉从正面夹住熟绒，之后两手同时向相反方向捻转铜丝，并将捻好的绒条雏形用木板进行搓赶，制成绒条。铜丝越紧，绒条则越绒密，这道工序又俗称为"滚绒"。

发现工艺之美

⑥ 打尖：用剪刀对绒条进行修型，根据所需把圆柱形的绒条修剪成_____等各种形状。

⑦ 烫绒：根据制作需要，把绒条_____。

⑧ 传花：用镊子_____绒条，制成不同造型，配合一些辅助材料，用乳胶或糯米胶按构思的造型进行黏合，制作出所需的作品。

3. 小试牛刀，设计绒花。

根据绒花的制作工艺尝试设计一件绒花作品效果图，并列出制作步骤计划。

为适应时代发展，绒花的种类不断增加，使用范围也逐渐扩大，主要有绒制凤冠、花鸟虫鱼、人物走兽、盆景建筑等花样造型，被称为绒制工艺品。但在民间，人们习惯将其和传统类型统称为"绒花"。

连一连：请将下方的绒花作品和相对应的名称连线。

| 绒花凤冠 | 动物摆件 | 绒花挂屏 | 跨界设计 | 绒花仿真花 |

任务三：细致欣赏绒花作品，感受绒花作品的艺术魅力

绒花毛茸茸的触感、富丽丰满的造型，给人一种温暖、美好的感受。

1. 绒花的种类有哪些？

绒花的类型很多，传统形式主要有鬓头花、胸花、脚花、帽花、罩花、礼花、戏剧花（舞台表演使用）等，采用象征吉祥如意、福禄官寿的龙、凤、蝙蝠、寿桃等传统造型图案，由于此类绒花多用于婚嫁喜事，又称为"喜花"。

2. 南京绒花的配色有何特色？

传统绒花以鲜艳的大红、水红、桃红等为主色调，辅以粉红、墨绿、葱绿等色，以黄色、金色点缀，色彩明快而富丽，具有浓厚强烈的民间艺术气息。南京绒花的色彩以大红、粉红为主，中绿为辅，以黄点缀，对比强烈，明快富丽，民间风味浓郁，地方特色突出。以下页图为例，尝试找一找有趣的绒花配色，并把图片贴在右侧方框中。

发现工艺之美

3. 绒花蕴含了怎样的寓意吉祥？

绒花在表现内容上有表现生活意趣的绒制品"松鼠葡萄""喜鹊登梅""岁寒三友"等，有观赏性质的绒制挂屏，有"松鹤延年""绒制花篮""龙凤喜烛""龙凤呈祥"盆景等。

（1）连一连：请将下面的绒花图片和相对应的吉祥寓意连一连。

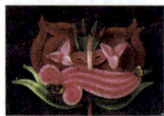

万事如意

福寿双全

鲤鱼跳龙门

福全

松鹤延年

兔子拜月

（2）说一说：中国传统吉祥图案通常利用吉祥寓意事物名称的同音或谐音，构成吉祥图纹，例如：鹰雄寓意"英雄"，鹿寓意"禄"，百合、柿子、如意寓意"百事如意"等。

请你查找资料，参照下面例子，说一说绒花中出现的图案的寓意吧。

例：鱼与余谐音，借用鱼来象征富足，将鱼和莲花组合，意为"连年有余"，将鱼和牡丹、桂花组合，意为"富贵有余"，将鱼和戟（一种兵器）磬（一种乐器）组合，意为"吉庆有余"等。"鲤鱼跳龙门"通常表现为在波涛翻

滚的浪花之中立一龙亭，以象征龙门，龙门之前有一条鲤鱼翻身跳跃。

牡丹：＿＿＿＿＿＿＿＿＿＿＿＿＿＿

蝴蝶：＿＿＿＿＿＿＿＿＿＿＿＿＿＿

蝙蝠：＿＿＿＿＿＿＿＿＿＿＿＿＿＿

如意：＿＿＿＿＿＿＿＿＿＿＿＿＿＿

任务四：南京绒花创意之旅

绒花工艺师们将一根根蚕丝变成形态各异的绒花，依靠的不仅是巧妙的制作手法，还有对绒花技艺的极致热爱。作为非物质文化遗产，绒花不能只存在于博物馆里，还要融入我们的生活，这就需要我们挖掘南京绒花丰富的文化资源和审美资源，用传统之美装点我们的美好生活。欣赏和参考以下图片，利用绒条，设计你心中最美的绒花作品吧。

绒花创意作品

我的绒花创意设计			
作品名称			
作品功能			
相关材料			
制作步骤		设计草图	
评价与反思	1. 你在设计和制作的过程中是否遇到过困难？你是如何解决的？		
	2. 请简要介绍自己这件绒花作品的设计思路。你将如何向别人推荐你的这件绒花作品？		
	3. 你对自己的作品满意吗？如果满分是10分，你为自己的作品打几分？		

发现工艺之美

六、展示与评价

1. 结合学校节日或活动主题举行"遇见绒花"作品展。

绒花作品评分表			
评分项目	评分内容与分值	得分	说明
美观性	造型美观、花样饱满、色彩协调。（40分）		
创意性	造型新颖别致，有原创性。（20分）		
实用性	实用性高。（15分）		
拓展性	在本次学习的基础上，能进一步深入学习，有拓展、有提升。（25分）		
综合点评	评委签名：		

2. 利用学生创作的仿绒花作品，举行一场校园爱心义卖活动。

七、活动反思

曾经的热播剧中，演员头上的配饰大量使用了绒花，媒体上随之出现了对这些绒花背后的制作者赵树宪老师的报道，而他正是常年扎根在南京民俗博物馆的非遗传承人。教师借助这样一个契机，设计了这一活动课，从欣赏剧照上的绒花，到认识家门口的绒花大师，学生们都感到非常惊喜，也非常自豪。教师借学生对绒花产生的强烈兴趣带领他们走进南京民俗博物馆参观并了解了绒花的制作过程，又通过丰富的网络资源，探究学习了绒花工艺品的制作方法。在动手实践环节，教师鼓励学生发挥自己的想象，创意设计和制作属于自己的绒花。成果展示中，同学们精心装扮，将绒花装饰在头饰上、团扇上、提包上……这一刻，传统绒花在同学们的手中绽放出了新的生命。这一活动也让传统手工艺的种子植根于同学们的心中，很多学生利用业余时间继续进行绒花工艺的学习，还建立了网络学习群进行学习交流、成果展示，传统非遗文化也通过当代学生的双手继续焕发活力。

学生作品

八、拓展链接

徐宁.南京非物质文化遗产：绒花［M］.南京：南京出版社，2014.

雪胖.荣华纪：古风绒花饰品制作技巧全解［M］.北京：人民邮电出版社，2021.

小布妞.满宫花：扭扭棒唯美古风手工饰品制作［M］.北京：人民邮电出版社，2021.

073

发现工艺之美

高贵典雅　剪纸红楼

学科：美术、语文、历史　　知识点：剪纸工艺、服装设计、文学鉴赏

惟妙惟肖的剪纸艺术

我国剪纸艺术历史悠久。司马迁在《史记·晋世家》中记载了"剪桐封弟"的故事："成王与叔虞戏，削桐叶为珪以与叔虞，曰：以此封若。"这个故事可以看作剪纸的前身，或者说是"类剪纸"。1967 年，我国考古学家在新疆吐鲁番盆地的阿斯塔那墓葬群中，发现了两张南北朝时期的团花剪纸，采用的是麻料纸，为折叠型（互不遮挡）祭祀剪纸，这是我国目前发现的最早的剪纸作品。作于南北朝的《荆楚岁时记》记载："正月七日为人日。以七种菜为羹；剪彩为人，或镂金箔为人，以贴屏风，亦戴之头鬓。又造华胜以相遗。"记述了剪纸为人的风俗。隋唐以后，剪纸艺术日趋繁荣。唐代还出现了专门描述剪纸的诗句。《剪彩》诗云："剪彩赠相亲，银钗缀凤真。……叶逐金刀出，花随玉指新。"描绘出了唐代佳人剪纸的优美动作和剪出的花鸟草虫的美丽效果。明清时期是剪纸的高峰期，出现了一批剪纸名家。

从技法上讲，剪纸实际就是在纸上镂空剪刻，使其呈现出要表现的形象。中国劳动人民凭借自己的聪明才智，在长期的艺术实践和生活实践中，将这一艺术形式锤炼得日趋完善。形成了以剪刻、镂空为主的多种技法，如撕纸、烧烫、拼色、衬色、染色、勾描等，使剪纸的表现力有了无限的深度和广度。由于剪纸的工具材料简便普及，技法易于掌握，有着其他艺术门类不可替代的特性，因而，这一艺术形式从古到今，几乎遍及我国的城镇乡村，深得人民群众的喜爱及赞美。

陈媛媛 《绿水青山就是金山银山》

库淑兰 《剪花娘子》

一、活动背景

曹雪芹创作的《红楼梦》是一部极具影响力的文学作品。《红楼梦》中出场的人物有几百人，其中最具特色，同时也是作者着墨最多的便是金陵十二钗。通过曹雪芹的生动描写，黛玉、宝钗等一众优美、生动的女性形象跃然纸上，在世界文学宝库中熠熠生辉。她们也成为《红楼梦》中女性形象的代表，除文学作品外，在影视和绘画作品中都有着生动的表现。

本次活动，将通过剪纸的方式对金陵十二钗的形象进行再创作，鼓励学生结合丰富的视觉感受，用独特的造型样式，反映造型之下所蕴含的文化底蕴，创作符合个人理解和认知的金陵十二钗形象。通过这样的活动设计，将美术和文学经典结合起来，感受二者的碰撞和交融，提升学生的审美水平和动手实践能力，培养学生热爱中华传统优秀文化的美好情感，鼓励学生成为民族文化与民俗文化的捍卫者和传承者。

二、活动目标

1. 了解金陵十二钗文学形象及其背后的文学价值。

2. 了解剪纸这一门古老艺术的表现手法和基本技巧。

3. 尝试运用剪纸这一民间艺术形式对金陵十二钗文学形象进行二次创作。

4. 提高对传统艺术的认知，激发学生对经典作品深入研究的热情。

5. 提升文化自信，尊重中华民族的优秀文化，能传播弘扬中华优秀传统文化。

三、核心素养

图像识读	能够从图案、色彩、寓意等方面理解剪纸艺术之美。
美术表现	运用剪、刻、刺等手法创作剪纸人物。

创意实践	提高创新意识，运用创意思维对传统工艺进行创新设计。
文化理解	理解剪纸艺术背后的丰富文化内涵，感受其特有的艺术魅力。

四、问题与实施

小问题	实施计划
1. 你知道剪纸在我国的历史以及有关剪纸的故事吗？ 2. 你知道剪纸的主要功能、表现题材和表现方法吗？ 3. 剪纸和其他艺术形式相比有什么不同？	资料搜集
4. 艺术家创作的金陵十二钗人物形象有何特点？艺术家是如何将人物形象和人物性格结合起来的？ 5. 艺术家是如何在剪纸中运用剪、刻、刺等表现手法的？	传承学习 注重过程性材料的收集和记录
6. 我们应该如何设计金陵十二钗人物形象呢？ 7. 在剪纸过程中有哪些值得关注的地方？ 8. 如何对剪纸作品进行装裱？	剪纸人物创作实践
9. 如何展示我们的剪纸作品？	汇报展示

五、实施过程

任务一：原著红楼——寻找金陵十二钗的形象特征

金陵十二钗出自中国古典小说《红楼梦》，"钗"指女儿，金陵是她们的籍贯。《红楼梦》第五回"游幻境指迷十二钗　饮仙醪曲演红楼梦"中，贾宝玉梦游太虚幻境遇警幻仙姑，在随警幻仙姑前行时，于"薄命司"中发现《金陵十二钗》的册子，将贾府上、中、下三等女子编成正、副、又副三册。警幻仙姑道：即贵省中十二冠首女子之册，故为"正册"，次之有副册、又副册。第五回完整出示了林黛玉、薛宝钗、贾元春、贾探春、史湘云、妙玉、贾迎春、贾惜春、王熙凤、贾巧姐、李纨、秦可卿十二位正册女性名单。查阅相关资料，找一找在《红楼梦》中是如何描写金陵十二钗外貌的。

人物	形象特征	人物	形象特征
林黛玉		贾迎春	
薛宝钗		贾惜春	
贾元春		王熙凤	
贾探春		贾巧姐	
史湘云		李纨	
妙玉		秦可卿	

任务二：剧中红楼——分析影视作品中的十二钗造型

87版《红楼梦》电视剧为将书中的情节与人物完美还原，在服饰和妆容设计上都非常考究。据了解，服装设计师史延芹在剧中设计的服装大概有2700多件。女主角林黛玉的服装会随着她的心情、天气等的变化而有所改变，给人以代入感，仿佛真的置身于大观园中。剧中的妆容也是根据人物性格特色来进行设计的，书中描写的"一弯似蹙非蹙罥烟眉""一双似喜非喜含情目"以及"三角吊梢眼"等等，语言优美凝练，但想要将其形象化并呈现到电视屏幕上却具有一定难度。化妆师杨树云力求通过妆容来体现人物性格，苦苦钻研古代妆容特点，翻遍文献，悉心琢磨，最终才呈现出我们所看到的这样完美人物形象。

1. 请同学们搜集相关资料，找一找87版《红楼梦》电视剧中的人物造型设计是如何表现人物性格和剧情发展的。

人物 例：林黛玉				
剧情	黛玉进贾府	芦雪庵赏雪对红梅	黛玉与潇湘馆	黛玉葬花
造型特点（从造型、色彩等分析）				

2. 除了林黛玉，艺术家为剧中的每个人物都设计了不同的妆容和造型，你能猜出她们的名字吗？说一说她们的妆容和造型是如何体现她们的身份气质的？

剧中形象				
人物姓名				
造型特点				

任务三：纸上红楼——剪纸人物的表现

1. 探究剪纸方法：以下两幅剪纸作品在表现方法上有何不同？观察作品，想一想，在剪纸中我们会用到哪些方法？你觉得金陵十二钗中人物形象适合哪种表现方法？

剪纸的表现方法	
陈媛媛 《大丰收》	陈媛媛 《子鼠送福》
阳刻	阴刻
保留原稿的轮廓线，剪去轮廓线以外的空白部分。每一条线都是相互连接的，牵一发而动全身。	与阳刻相反，刻去原稿的轮廓线，保留轮廓线以外的部分。
在剪纸中可能会用到的方法	
金陵十二钗人物形象适合哪种表现方法	

2. 探究剪纸图案与内涵：观察下面的剪纸作品，找一找它们都包含哪些图案元素，这些图案都有怎样的含义，艺术家如何运用图案为主题服务的？

剪纸作品	图案与含义
陈媛媛 《党的光辉》	
陈媛媛 《金陵新貌》	

3. 同样是表现黛玉葬花，87版电视剧、冯其庸的国画作品以及陈耀的剪纸作品，在表现形式上有何不同？将人物形象转化为剪纸画稿时，有哪些值得注意的地方？

	影视人物	国画人物	剪纸人物
	87版《红楼梦》剧照	《黛玉葬花》冯其庸	《黛玉埋香》陈耀
表现形式上的差异			
值得注意的地方			

4. 观察人物剪纸中的细节处理，有哪些需要我们关注的方面？

剪纸的表现方法	
《宝琴踏雪》陈耀	《宝钗扑蝶》陈耀
我们需要关注的方面：	

5. 根据查阅的资料，结合所学方法，设计金陵十二钗剪纸线稿。

我的设计	
影视造型	我的线稿
原著描写	
相关素材	

陈嫒嫒《林黛玉》

任务四：剪出精彩——我的金陵十二钗剪纸

结合之前所学习的剪纸方法，想一想我们在剪纸过程中，还需要关注哪些重点？根据线稿按步骤剪出作品。

步骤安排	完成内容	重点关注
步骤一	先将设计好的线稿用铅笔勾画在白纸上。（黑白效果）	
步骤二	将有草图的稿纸和红纸固定在一起。	
步骤三	先将人物内部留白处剪、刻掉，最后再剪人物轮廓。	
步骤四	整理收拾，装裱作品。	

知识卡片：剪纸作品的装裱形式

1. 镜框式　一般使用市场上出售的装照片和画片的普通相框就可以。在装裱剪纸时需要将剪纸的四周用少量的白色乳胶粘贴在托纸上，否则待镜框挂起来后剪纸会移动位置。托纸起衬托剪纸的作用，颜色选择主要看剪纸的颜色，剪纸颜色深时，衬纸就要选择浅色的，剪纸是浅色或白色时，衬色就要选择深色。

2. 纸版装裱　纸版装裱可分平面装裱和立面装裱，平面装裱将剪纸用透明乳胶全部粘贴在事先设计好的纸版上即可。立体装裱是将纸版中间镂空，用两层镂空纸板夹着用透明片固定好的剪纸，外表再用透明片或玻璃纸贴好。

六、展示与评价

1. 将自己参与本次活动的过程及成果用PPT、微视频、小报等形式进行汇报展示，完成自评、互评和师评。

2. 班级或年级举行"剪纸红楼"作品展。

3. 选择优秀学生作品制作作品集，或开发一些相关的校园文创产品。

自主学习评价单					
评价维度	评分内容		自评	互评	师评
知识水平（15分）	你是否了解《红楼梦》中人物的文学形象和文学价值？				
	你是否了解剪纸艺术的发展历史和审美特点？				
	你是否了解剪纸人物的造型特点和处理方法？				
造型实践（10分）	你是否掌握将人物形象转化成剪纸线稿的方法？				
	你是否掌握剪纸人物的剪刻方法？				
参与态度（15分）	在本次活动中，你是否能够主动参与每个学习任务？				
	你是否能够及时发现问题，并主动解决问题？				
	你是否能够站在客观公正的立场上对自己或他人的作品进行评价和分析？				
自我评价（10分）	如果让你为自己的作品打分，你会打几分？				
	如果让你为自己在学习活动中的综合表现打分，你会打几分？				
总分（50分）					
本次活动中，你有哪些收获或想法？					
在活动过程中，你遇到哪些困难，是如何解决的？					
你对本次活动还有哪些意见和建议？					
教师点评					
总评	优秀（　　）良好（　　）合格（　　）不合格（　　）				

七、活动反思

剪纸是一种常见的民间艺术形式，对学生而言并不陌生。如何让这种工艺美术实践更有深度和创意，既符合中学生的认知水平，又具有一定的挑战和实践价值呢？设置真实性的学习主题就是一种解决方式。

本次活动将剪纸艺术和学生熟悉的文学巨著《红楼梦》结合起来，设置了"创作剪纸人物金陵十二钗"这样一个学习任务。剪纸人物的难度在于提炼人物形象，使其平面化、装饰化，适用于剪纸表达。因此，教师设计了四个子任务引导学生完成学习目标。从文学名著中的十二钗到影视作品中的十二钗再到剪纸中的十二钗，层层递进，学生在重温经典的同时对文学名著中的人物描写有了更加深刻的认知，再结合影视剧作品中的人物形象、绘画中的人物形象，探究不同艺术形式中人物的表现方法，也在对比中发现剪纸艺术特有的魅力和价值。

技法环节中，邀请了非遗剪纸技艺传承人陈耀老师对剪纸作品和剪纸方法进行介绍，工艺美术大师的现场讲解和演示让学生们的学习更加直观，也更有兴趣。

八、拓展链接

陈竟.中国民俗剪纸技法［M］.南京：江苏美术出版社，2011.

赵琳琳.剪纸与文化：中国传统剪纸图说［M］.北京：人民邮电出版社，2023.

王念祥.民间老剪纸［M］.北京：北京工艺美术出版社，2009.

九、艺术家作品欣赏

1. 陈耀作品《金陵十二钗系列》剪纸

《黛玉埋香》

《宝钗扑蝶》

《元春归省》

《探春起秋》

《湘云眠芍》

《妙玉奉茶》

《迎春待字》

《惜春作画》

《熙凤弄权》

《李纨课事》

《可卿春倦》

《宝琴踏雪》

2. 刘旦宅作品《金陵十二钗》邮票

发现工艺之美

粉墨神韵　彩绘脸谱

学科：美术　　知识点：脸谱艺术、戏曲、影视

活动预热

你知道脸谱的起源吗？

《后汉书·臧洪传》记载："坐列巫史，禜祷群神。"说的是在祭祀仪式时，负责祭祀的巫觋们会戴上面具。在三星堆出土文物中，青铜面具是最具特色的文物。专家学者推测青铜面具是一种祭祀用具，既体现了古蜀人独特的审美和艺术构思，同时又是古蜀人精神崇拜的重要体现。又如"傩礼"，是自先秦时代就有的一种迎神以驱逐疫鬼的风俗礼仪。傩礼一年数次，大傩在腊日前举行。《论语·乡党》："乡人傩，朝服而立于阼阶。"清代昭梿《啸亭续录·喜起庆隆二舞》中说道："又于庭外丹陛间，作虎豹异兽形，扮八大人骑禺马作逐射状，颇沿古人傩礼之意，谓之《喜起舞》。"可见古代的傩礼，人们一定要戴上面具。这种戴着面具的宗教仪式对传统戏剧舞蹈有很大的影响。

还有一个故事说的是兰陵王高长恭勇猛善战，貌若妇人，每次出战，便戴凶猛假面，屡屡得胜。相传，唐代歌舞《兰陵王入阵曲》里，扮演兰陵王的演员就会戴上面具。这可能就是戏剧中脸谱的起源。

脸谱是戏曲人物性格化的图案式化妆，主要用于净、丑角色，夸张的色彩和线条改变了演员的本来面貌，被称之为"花面"。戏曲脸谱是在唐、宋涂面化妆的基础上发展起来的。唐代孟郊《弦歌行》"驱傩击鼓吹长笛，瘦鬼染面惟齿白"是较早的记载。宋代徐梦莘《三朝北盟会编》中记载了宋徽宗的两个佞臣以"粉墨做优戏"，口出市井浮言秽语，蛊惑皇上。元代杂剧兴盛，在《大行散乐忠都秀在此作场》壁画中，出现了元杂剧正面人物中的"整脸"谱式，带有某种性格的色彩。

戴金面罩青铜人头像，三星堆博物馆藏

《大行散乐忠都秀在此作场》，山西广胜寺壁画

一、活动背景

　　脸谱艺术在中国传统戏曲演员脸上涂绘特定的色彩和谱式,以表现人物的性格和特征等,被列入非物质文化遗产。脸谱艺术起源于南北朝时期,兴盛于唐朝的歌舞戏。中学生学习脸谱艺术,除了要了解戏曲剧种的分类、历史背景和发展历程,还要探索将脸谱艺术与日常生活相融合的方式。本活动通过脸谱的设计,融传统和现代元素为一体,以文创产品的形式让脸谱艺术走进现代生活,带领学生感受传统艺术的审美价值和现实魅力。

二、活动目标

　　1. 探究中国戏曲脸谱艺术的历史、种类和发展历程。

　　2. 探究不同剧种中的戏曲脸谱的特点和样式。

　　3. 探究中国戏曲脸谱艺术如何通过色彩和谱式表达戏曲人物的性格特征。

　　4. 学习脸谱图案的设计方法,并能应用于文创设计。

　　5. 提高对脸谱艺术的认知,激发对传统文化的喜爱和深入研究的兴趣。

三、核心素养

图像识读	能够从脸谱的造型、色彩、谱式等方面理解脸谱艺术之美。
美术表现	运用传统及现代材料技术,创作脸谱文创产品。
创意实践	培养创新意识,运用创意思维对传统工艺进行创新设计。
文化理解	理解脸谱艺术背后丰富的文化内涵,感受其特有的艺术魅力。

四、问题与实施

小问题	实施计划
1. 你知道脸谱在我国的历史以及与脸谱有关的故事吗?	资料搜集

续表

小问题	实施计划
2. 脸谱最初的功能是什么?后来发生了哪些变化?	资料搜集
3. 我国戏曲有哪些主要剧种?每个剧种对应的脸谱风格特征是什么?	
4. 戏曲脸谱中不同的颜色代表着怎样的人物性格特点?什么是脸谱的谱式?	
5. 如何为人物/角色设计一个脸谱?如何运用脸谱表现人物/角色的性格特点?	实地考察
6. 我们生活中有哪些地方可以见到戏曲脸谱元素?如何设计一款脸谱文创产品?	创作实践
7. 如何展示我们的脸谱设计作品?如何运用脸谱艺术装饰我们的校园或教室?	展示拓展

五、实施过程

任务一:中国脸谱艺术相关文献研究

　　我国幅员辽阔,民族戏曲历史悠久,种类繁多。你知道有哪些剧种吗?不同种类的戏曲人物脸谱有哪些不同的风格特点呢?请同学们查阅相关资料,填写完成下表。

脸谱名称	风格特点
京剧脸谱	例:京剧脸谱以象征性和夸张性著称。它通过运用夸张和变形的图案来表现角色的性格特征,眼睛、额头和两颊通常被画成蝙蝠、蝴蝶或燕子的翅膀,再加上夸张的嘴和鼻子,营造出情节所需的脸部效果。
川剧脸谱	
秦腔脸谱	
昆曲脸谱	

任务二:了解京剧脸谱中的色彩和谱式

　　1. 请同学们查阅相关资料,找出京剧脸谱中不同色彩的象征意义。

　　提示:京剧脸谱的颜色一般以某一种颜色象征某类人物的品质、性格、气度,这种颜色为"主色",每个脸谱用三种以上的颜色,各种色彩有着不同的象征作用,可以表现人物的忠、奸、善、恶，寓意褒贬。比如说黑脸的包拯、白脸的曹操、红脸的关公等。

颜色	代表人物及性格特点
红色	例：表现忠贞、英勇的人物性格，如关羽。
蓝色	
白色	
绿色	
黄色	
紫色	
黑色	
金、银色	

2. 请同学们结合搜集的脸谱资料，说一说脸谱在图案的造型和表现上有何特征。

提示：艺术家在长期创造和实践过程中，将脸谱归纳为各种谱式名目。以京剧为例，化妆会使用浓重的色彩，形成强烈的对比，按照脸部的结构、肌肉的走向勾画在脸上。同时根据不同人物的性格、身份、善恶组合成不同类型的谱式，如整脸与三块瓦脸、十字门脸与六分脸、碎花脸与歪脸、僧脸与太监脸、元宝脸与象形脸、神怪脸与丑角脸等。

虽然每一种脸谱画法各异，但都是从人的五官部位、表现的性格特征出发，以夸张、美化、变形、象征等手法来寓褒贬，分善恶，从而使观者一目了然。比如三块瓦脸的基本画法，即由眉子、眼窝、嘴窝三块组成，其他脸谱画法大多是从三块瓦脸演变而来。

脸谱人物	谱式与图案特征
 张飞	

脸谱人物	谱式与图案特征
 赵匡胤	

任务三：自己设计有趣的脸谱

1. 脸谱是一种夸张的艺术，有着浓郁的中国特色。下图为不同时期京剧大师的猴戏扮相，艺术家是如何抓住美猴王特征进行表现的呢？试着总结归纳。

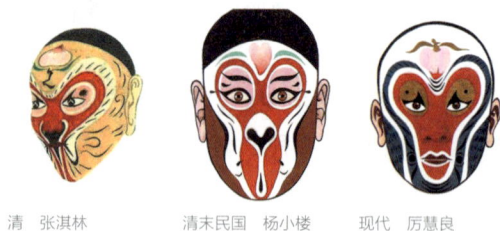

清　张淇林　　　　清末民国　杨小楼　　　　现代　厉慧良

2. 你看过动画片《大闹天宫》吗？其中的美猴王形象就是张光宇参考京剧美猴王的形象创作出来的。仔细观察张光宇笔下的美猴王，说说艺术家是如何表现美猴王面部特征的。

面部特征：

张光宇设计的美猴王形象

《大闹天宫》是上海美术电影制片厂于1961年到1964年制作的一部彩色动画长片，是中国经典动画作品之一，其中运用了许多中国传统元素。

角色设计：孙悟空、玉皇大帝、哪吒、东海龙王等主要角色的形象借鉴了中国传统绘画和戏曲中的形象。

配乐：动画中的配乐借鉴了许多中国传统民间乐器和戏曲元素。

美术风格：动画的美术风格借鉴了敦煌壁画、民间版画、国画等。

传统文化符号：动画中运用了许多中国传统文化的符号，如八卦、山水、祥云、莲花等。

动画片《大闹天宫》

3. 你心中的美猴王是什么样的？请你根据所学内容，设计一款美猴王脸谱吧！（也可以选择一个自己喜欢的角色进行脸谱设计。）

我的设计图		
例：	我的设计原型是	美猴王
	他的主要特点是	
	1. 脸部有猴子的特征，头戴紧箍咒，并有"佛"字图案，象征他的身份和责任。 2. 在色彩上，我选择以红色、黄色为主，代表美猴王的忠诚、勇敢。	

任务四：用脸谱元素设计文创产品

我们可以将设计出的脸谱图案做成有趣而实用的文创产品。请你将自己设计的脸谱设计图和产品相结合，设计一款有趣的脸谱文创产品吧！

脸谱文创产品示例

我的设计	
	设计说明：

任务五：运用脸谱艺术改造校园环境

近期学校要举办一次戏剧节，需要在校园中增加一些戏剧元素营造氛围。请大家想一想，在校园的哪些位置可以运用脸谱艺术进行美化和装饰？请将你的设计方案填写在下面表格中，并说说你的设计理念。

我的设计方案	
改造地点：	改造方案：
（场景照片粘贴处）	
设计草图：	设计理念：

六、展示与评价

1. 运用PPT、小报或表演的形式，将本次活动的过程及学习成果汇报和展示出来。

2. 展示脸谱文创设计，由学生评委、教师评委评分。

3. 在戏剧节等学校活动中布置展示脸谱作品。

发现工艺之美

脸谱文创设计产品评分表		
评分维度	评价内容	得分
创新性	脸谱形象设计具有创新性。(15分)	
美观性	脸谱造型美观、色彩鲜明、和谐。(15分)	
	相关产品设计美观、大方。(10分)	
人文性	脸谱形象设计具有文化内涵和人文价值。(15分)	
实用性	脸谱文创产品功能明确,具有实用价值。(15分)	
	脸谱文创产品定位准确,具有市场竞争力。(10分)	
可行性	文创产品可以实现的难易程度。(10分)	
其他优势	优势(10分):	
总评分		
综合点评	评委签名:	

七、活动反思

脸谱是一种将色彩与线条、造型与象征完美结合的脸部造型艺术。脸谱虽然属于戏曲艺术,却被广泛应用于美术创作中,如彩塑、国画、剪纸、竹刻、陶瓷、面塑、蜡染、风筝、皮影、木偶、邮票以及装饰包装等,都能见到脸谱造型的身影。

本次活动通过探源脸谱、赏析脸谱、设计脸谱、应用脸谱这几个环节,一方面使学生对我国传统戏曲中的脸谱艺术有所了解,另一方面有助于提高学生对传统设计元素的理解借鉴能力,鼓励学生运用传统元素进行创新设计。

八、拓展阅读

傅学斌.京剧脸谱［M］.天津:百花文艺出版社,2009.

李苍彦,林泓魁.彩塑京剧脸谱［M］.北京:北京美术摄影出版社,2018.

李孟明.脸谱流变图说［M］.天津:南开大学出版社,2009.

发现工艺之美

盛世华章 烙画衣裳

学科：美术、语文、历史　　知识点：服饰艺术、烙画

活动预热

中华衣裳中的"衣"与"裳"

服装是人类所特有的，它既是物质文明的产物，也是精神文明的结晶。中华衣裳"始于黄帝，备于尧舜"，源自黄帝制冕服，定型于周朝，并在汉朝形成完备的冠服体系，成为华夏礼法的一部分。"圣人所以制衣服何？以为絺纮蔽形，表德劝善，别尊卑也。"从东汉班固《白虎通义》中的这段文字，我们可以看出服饰的三大功能，一是遮蔽身体，二是勉励为善，三是区分身份地位与场合。

"黄帝、尧、舜垂衣裳而治天下，益取自乾坤"，是说上衣下裳的形制是取天意而定，是神圣的。除了上衣下裳的形制，中国传统服装还有衣裳连属制。衣裳连属古称深衣，《礼记·深衣篇》云："可以为文，可以为武，可以摈相，可以治军旅。"

1972年，马王堆一号汉墓出土了两件素纱单衣，其中，直裾素纱单衣，衣长128厘米，通袖长190厘米，整衣重量仅为49克。西汉直裾素纱单衣是上衣下裳连缀的深衣样式，右衽、交领直裾。在古代，单衣主要指不挂衬里的衣物，而素纱单衣则多用来罩在锦衣之外，使得整体衣装更加含蓄、优雅。

湖南长沙马王堆一号汉墓出土的西汉直裾素纱单衣

唐，阎立本 《历代帝王图》（局部）

085

发现工艺之美

一、活动背景

中华文明源远流长，中华服饰在各民族互相影响融合的基础上，形成了独具特色、丰富多样的服饰文化，傲然屹立于世界服饰文化之林。今天，当我们回首中国的服饰文化史时，可以看到中国服饰中的"融"与"变"，正如中华文化一样，不断融合、不断创新，随着时代发展始终散发着勃勃生机，成为艺术创作取之不竭的灵感来源。

本次活动，学生将认识丰富多彩的中华传统服饰样式，了解服饰背后的历史及文化内涵，鼓励学生从自己的视角发掘相关服饰主题，运用烙画的表现形式对中华传统服饰进行二次创作。通过这样的活动设计，将烙画艺术和服饰文化结合起来，感受这两种优秀文化的碰撞和交融，从而提升学生的审美水平和动手实践能力，引导学生在传统中创新、在实践中成长，激发学生热爱中华传统优秀文化的美好情感，成长为中国文化的传承者和捍卫者。

二、活动目标

1. 了解中国传统服饰文化的发展历史以及不同时期服饰的样式特点。

2. 学习并掌握提炼服饰线稿的基本方法。

3. 提升搜集、查阅、整理和提炼总结资料的能力。

4. 学习并掌握烙画的基本方法，尝试运用所学知识创作"中华衣裳"主题的烙画作品。

5. 提升实践能力、创新能力，培养热爱中华优秀传统文化的美好情感，成为传承者和捍卫者。

三、核心素养

图像识读	理解中国传统服饰的造型、色彩、面料、工艺之美。理解烙画艺术的线条、肌理、材质之美。
美术表现	运用传统及现代材料、技术创作烙画工艺品。
创意实践	培养创新意识，运用创意思维对传统工艺进行创新表现。
文化理解	理解我国服饰艺术背后丰富的文化内涵，感受其特有的艺术魅力。

四、问题与实施

小问题	实施计划
1. 中华服饰历史源远流长，不同时代的服饰有怎样的特点？中华服饰背后孕育着怎样的文化精神？ 2. 中国传统人物画、壁画、雕塑作品中是如何表现人物服饰的？	资料搜集
3. 什么是烙画？你知道烙画在我国的发展历史吗？ 4. 烙画的绘制原理是什么？古代和现代所用工具有什么不同？ 5. 观察烙画艺术家的烙烫过程，你知道烙画的具体操作步骤吗？ 6. 烙画艺术家在表现点、线、面的时候分别用了哪些手法呢？	传承学习 注重过程性材料的收集和记录
7. 烙烫前，我们应如何绘制服饰线稿？ 8. 在烙烫的过程中，需要关注哪些问题？ 9. 我们应如何保护、传承、创生烙画这门民间艺术？	问题研讨 创作实践
10. 如何展示我们制作的烙画工艺品？	汇报展示

五、实施过程

任务一：探寻中华服饰发展脉络

服章之美谓之华，礼仪之大故称夏。中华服饰历史源远流长，你知道不同时代的服饰有怎样的特点吗？请搜集相关的文献资料，将下方表格补充完整。

时代	服饰特点
夏商周	例：上衣下裳，右衽。
春秋战国	
秦汉	
魏晋南北朝	
隋	
唐	
宋	

续表

时代	服饰特点
元	
明	
清	

任务二：寻找绘画作品中的华夏服饰

1. 汉服大气、魏晋风流、唐装多元、宋服儒雅……在传统中国画中，有很多表现服饰的作品。请你结合学过的知识，查找资料，列出相关作品及信息。

作品名称及相关信息	作品介绍	服饰信息
例：（东晋）顾恺之《洛神赋图》	全卷分为三个部分，曲折细致又层次分明地描绘着曹植与洛神真挚纯洁的爱情故事。	画面中人物广袖高履、衣袂飘飘，表现出魏晋时期崇尚飘逸的美感。

2. 从你所搜集的资料中选择一幅自己最喜欢的作品，找一找其中的人物服饰有什么样的特点？

我的发现
例：

作品名称	作品简介	服装特点
（唐）周昉《簪花仕女图》	绢本设色，描绘贵族仕女在春夏之际赏花游园的情景，体现出贵族仕女养尊处优、游戏于花蝶鹤犬之间的生活情态。	画中仕女按唐制基本上穿的是裙、衫、帔三件套，妆容亦是当时盛行的妆容，敷铅粉、涂胭脂、画广眉、贴花钿，在发髻上簪牡丹花、荷花是贵族仕女的一种时尚打扮。

3. 你能根据绘画作品中人物的服饰特点判断出其所处的时代吗？小组讨论，说出你们的理由，并完成下表。

作品				
朝代				
判断理由				

4. 除了绘画作品，我们也能从壁画、雕塑等艺术作品中找到传统服饰，比如以敦煌莫高窟为代表的壁画、彩塑作品，还有不同时期陵墓中出土的各类人俑等，都为我们研究服饰提供了大量的资料。下面两幅壁画是来自敦煌莫高窟的供养人像，请你分析他们的衣着，说说他们的服饰特点。

莫高窟第 130 窟《都督夫人礼佛图》，段文杰临摹复原	莫高窟第 98 窟《于阗王国王李圣天供养像》
服饰特点：	服饰特点：

知识卡片：供养人画像

所谓供养人即为出资发愿开凿洞窟的功德主、窟主、施主及与其有关的家族、亲属或社会关系成员。供养人有敦煌历代大族、地方长官、僧界大德，也有一般下层平民百姓。他们是活跃在敦煌历史上的人物，因此这些画像具有极高的史料价值。供养人画像在敦煌石窟的大多数洞窟中都有，是研究洞窟营建时代及窟主等课题的第一手资料，也是敦煌服饰研究的宝贵实物资料。

——摘自：《敦煌壁画中的供养人》刘学智

任务三：从经典作品中提炼服饰设计稿

选择古代绘画、壁画或雕塑中的人物形象，找出其服饰特点，并设计相关的服饰线稿。

发现工艺之美

设计记录表	
选择作品	服饰特点
例：《洛神赋图》中的人物形象	头戴卷梁冠，穿长衫，衣袖宽大，同前代深衣相比，敞开的袖口更显得衣衫宽博，表现出了魏晋时期宽衣博带的服饰风格。
设计线稿	设计说明
例：	

任务四：烙烫"中华衣裳"系列作品

烙画，又名"火笔画"，是用一种特制的铁笔，在扇骨、梳篦、木制家具以及纸绢等上面烙制而成的工艺画。媒材通过烙烫产

用电烙笔烙画

生色彩乃至肌理的变化，具有一定的浮雕效果，色彩呈深、浅褐色，乃至黑色。烙画以前仅限于在木质材料上烙绘，现代大胆采用宣纸、丝绢等材料，丰富了烙画的表现形式。

非遗传承人王高飞烙画作品"雅服系列"

观看工艺师的烙画制作过程，学习烙烫手法。小组合作，结合历代经典作品和相关研究资料，以"中华衣裳系列之×××"为主题设计一套烙画服饰作品，想一想在烙烫服饰的过程中我们需要关注哪些要素。

烙画记录表			
小组创作主题		小组成员	
主题立意			
小组分工			
作品内容	作品1	作品2	
	作品3	作品4	
烙画注意事项	① 构图或拷贝，用铅笔或淡墨在木板上画草图，造型要尽量画准确。 ② 用电烙笔的尖笔勾线，注意方向和力度。 ③ 上色，可以用烙笔直接烫烙，也可以用彩色铅笔或国画颜料上色。 ④ 补色，上色结束后，还要用烙笔对整个画面进行补笔，直至画面完美。		
遇到的困难及解决办法			

六、展示与评价

1. 以小组为单位制作PPT，展示分享学习过程、成果及收获、反思等。

2. 举行"中华衣裳"烙画作品展。采用自评、互评、师评的方式全面评估整个学习活动。

自主学习评价单				
评价维度	评分内容	自评	互评	师评
知识水平（15分）	你是否了解中华服饰的发展历程及背后的文化内涵？			
	你是否了解中华服饰不同时期的造型特点？			
	你是否会鉴赏绘画、壁画、雕塑等作品中的人物服饰？			
造型实践（10分）	你是否学会提炼并描绘服饰线稿？			
	你是否知道烙画的基本方法？			
参与态度（15分）	在本次活动中，你是否能够主动参与每个学习任务？			
	你是否能够及时发现问题，并主动解决问题？			
	你是否能够站在客观公正的立场上对自己或他人的作品进行评价和分析？			
自我评价（10分）	如果让你为自己的作品打分，你会打几分？			
	如果让你为自己在学习活动中的综合表现打分，你会打几分？			

发现工艺之美

续表

自主学习评价单				
评价维度	评分内容	自评	互评	师评
总分 （50分）				
本次活动中，你有哪些收获或想法？				
在活动过程中，你遇到过哪些困难，是如何解决的？				
你还需要老师提供哪些帮助？				
教师点评				
总评分	优秀（　　　）良好（　　　） 合格（　　　）不合格（　　　）			

七、拓展活动

诗经与服饰文化

在我国最早的诗歌集《诗经》中，我们可以找到大量和服饰有关的文字，为我们研究当时的人民生活和社会面貌提供了重要依据。

• 服饰与身份

八鸾玱玱，服其命服。朱芾斯皇，有玱葱珩。——《小雅·采芑》

其泣喤喤，朱芾斯皇，室家君王。——《小雅·斯干》

彼其之子，三百赤芾。——《曹风·候人》

从这几句文字中，我们可以看出贵族的服饰以朱红色为主。

八月载绩。载玄载黄，我朱孔阳，为公子裳。——《豳风·七月》

一之日于貉，取彼狐狸，为公子裘。——《豳风·七月》

从这里我们又能看出，平民百姓的服饰材料多使用葛、麻，而王公贵族则多穿由蚕丝、皮毛做成的衣服。

• 服饰与场合

又何予之？玄衮及黼。——《小雅·采菽》

缟衣之宜兮，敝，予又改为兮。适子之馆兮，还，予授子之粲兮。——《郑风·缁衣》

由此可见，高级官吏与诸侯会在正式场合穿上有别于日常服装的高级礼服"玄衮"和"黼"，

而卿大夫们也有其特定的官服，称为"缁衣"。

• 服饰与时尚

缟衣綦巾，聊乐我员。——《郑风·出其东门》

有匪君子，充耳琇莹，会弁如星。——《卫风·淇奥》

从第一句中我们可以看出，白色是当时的流行色，男女皆好素雅之风。通过第二句，我们则能知道当时贵族所戴的帽子两边有丝绳垂至耳际，并系一块美玉，就好像塞住了耳朵一般，下方再配上长穗。弁是一种以鹿皮为原料的帽子，可以将玉石有规则地缀在帽子上，因为玉石的数量很多，看上去如同点点繁星。

你还能在《诗经》中找到哪些和服饰有关的信息呢？将它抄写在下方的横线上。

_____

_____

八、活动反思

中国传统服饰是五千年中华文明的象征，华美的服饰不但诠释着礼仪文化，更融入了古人的天地哲学观念。随着近些年来的国学热潮，国风国服走进大众视野，并成为一种时尚。这次活动我们带领学生触摸和探寻古代绘画、壁画、雕塑中的中国服饰，学习中国古代服饰知识。在实践部分，邀请南京市烙画传承人王高飞老师走进课堂，传授烙画技艺，带领学生将烙画与中华传统服饰相结合进行二次创作，还原华服风采，向传统致敬。

九、拓展链接

沈从文.中国古代服饰研究［M］.北京：商务印书馆，2011.

张怡.中国古代服饰结构图集［M］.南京：江苏凤凰美术出版社，2023.

顾凡颖.历史的衣橱：中国古代服饰撷英［M］.北京：北京日报出版社，2018.

发现工艺之美

方寸乾坤　金陵竹刻

学科：美术、语文、历史　　知识点：竹刻工艺、鉴赏

— 活动预热 —

风雅卓绝的金陵竹刻

史书记载，君臣朝会时，手中要持"笏"，用于记事。"凡有指画于君前，用笏。造受命于君前，则书于笏。"（汉代戴圣《礼记·玉藻》）这种"笏"，最早就是用竹子做成的，上面还会雕刻一些纹饰。湖南长沙马王堆汉墓出土的雕有龙纹的髹漆竹勺，以竹为胎，器表髹黑、红两色漆。扬州杨庙镇西汉墓出土的西汉竹刻《山水古柏图》以毛竹片为雕刻材料，完全以刀的雕刻技法来塑造形象，是一件纯欣赏性的竹刻艺术品。

南北朝时期已出现竹根雕成的酒杯。《南齐书·明僧绍传》载，齐高帝萧道成曾将一件用竹根雕成的"如意笋箨蔻"，赏赐给当时的大隐士明僧绍。北周文学家庾信《奉报赵王惠酒诗》中，"野炉然树叶，山杯捧竹根"，也提及用竹根雕制而成的酒杯。

宋元时期，包括竹雕在内的整个雕刻工艺领域都有了长足发展。明清是竹刻艺术发展的鼎盛时期。明代中后期，社会风尚一反明初的"非世家不架高堂，衣饰器皿不敢奢侈"的简朴之风，社会生活逐渐奢靡，绣户雕栋，花石园林，原本古雅简朴的竹器，也开始精雕细琢，成为文人士大夫爱不释手的案头文玩。流风所及，普通市民也莫不"群相蹈之"，这在客观上推动了竹刻艺术的发展。到了清代中期出现了一大批造诣极高的竹刻艺术家，他们不仅对雕刻技法运用自如，还具有很高的文学艺术修养，在作品中常汲取文学及艺术的营养，使作品褪去了一般工匠的俗气，具有了典雅的文人气质。这时，把玩名家竹刻逐渐成为一种风雅之事。

金陵竹刻是中国传统竹刻艺术的重要艺术流派之一，与嘉定派并驾齐驱，为中国竹刻艺术的双璧。濮仲谦，明晚期极负盛名的文士匠人，被誉为金陵竹刻创始人。张岱在《陶庵梦忆》中说："南京濮仲谦，古貌古心，粥粥若无能者，然其技艺之巧，夺天工焉。"金陵竹刻以浅刻、简刻风格著称于世，选材甚严，善于因形取势，竹刻书法独树一帜。2016 年金陵竹刻入选江苏省非物质文化遗产保护名录。

西汉，漆绘龙纹勺，长沙马王堆汉墓出土　　西汉，竹刻《山水古柏图》，扬州杨庙镇西汉墓出土　　明末清初，濮仲谦款竹雕会昌
九老图竹香筒，南京博物院院藏

一、活动背景

竹子挺拔修长，四季青翠，傲雪凌霜，历来备受中国人民喜爱，与梅、兰、菊一起被誉为"四君子"。中国是世界上最早培育、研究和利用竹子的国家。竹子在中国传统文化发展和精神文化形成中有着深远影响，与中国诗歌、书画和园林的关系密切，与中国劳动人民的生活息息相关，中国不愧为"竹子文明的国度"。

竹刻艺术最早用于装饰竹制品，后依托竹文化，融入了更多的文人气质。在竹制品上以刀代笔，方寸之间，便能囊括天地乾坤。金陵竹刻是中国传统竹雕艺术的重要流派之一，明清时期涌现出一批造诣极高的竹刻艺术家，为我国竹刻艺术的发展做出了巨大贡献。

本次活动带领学生走进金陵竹刻艺术博物馆，了解竹刻艺术的发展历史和背后的文化内涵，体验竹刻这一项传统手工技艺。

二、活动目标

1. 了解我国的竹文化，赏析相关文学、艺术作品。
2. 了解金陵竹刻的历史，竹刻的艺术特点及文化内涵。
3. 实地参观金陵竹刻艺术博物馆，了解竹刻的过程，感受民间艺人高超的技艺。
4. 学习基本的竹刻技法，能在竹制品上刻画简单造型。
5. 感受竹刻文化的艺术魅力，热爱传统文化，提高审美水平。

三、核心素养

图像识读	能够从竹刻的造型、线条、肌理、材质等方面理解竹刻艺术之美。
美术表现	运用刻刀等工具在竹片、竹筒上进行艺术表现。
文化理解	理解竹刻艺术背后悠久的竹文化历史和人文精神，感受其特有的艺术魅力。

四、问题与实施

小问题	实施计划
1. 竹子主要生长在我国的哪些地区？这种植物有什么特点和经济价值？ 2. 我国的竹文化是如何形成的？历史上有哪些与竹有关的文学和艺术作品？	资料搜集
3. 参观金陵竹刻艺术博物馆，了解金陵竹刻的发展历史及艺术特点。 4. 竹刻艺术的种类有哪些？雕刻方法有哪些？ 5. 竹刻图案有何特点？图案背后有哪些象征意义？ 6. 你觉得金陵竹刻有什么价值？我们应如何保护、传承、创生这门民间艺术？	实地考察 案例分析 注重对过程性材料的收集和记录
7. 竹刻的工具有哪些？如何在竹牌上进行简单的雕刻？ 8. 竹刻工艺品应如何保存？	创作实践

五、实施过程

任务一：了解竹子在中国文化中的内涵和精神象征

中国人对竹子的热爱，古已有之。司马迁说："竹外有节礼，中直虚空。"白居易言："水能性淡是吾友，竹解心虚即吾师。"邵谒言："竹死不改节，花落有余香。"宋代文豪苏东坡也对竹子情有独钟，他曾写下"宁可食无肉，不可居无竹"之句，可见他对竹子的偏爱。"胸有成竹"是苏东坡独到的绘画理论，他强调运笔之前，必须成竹在胸，构图时不求形似，而追求神韵。

1. 竹子有哪些自然属性？人们又从竹子身上生发出哪些人文属性？

自然属性	人文属性
例：乔木状禾草类植物，地上茎木质而中空。	例：虚心、中通外直、宁折不屈。

091

发现工艺之美

2. 历代文人围绕竹子进行了大量文学、艺术创作。你还知道哪些和竹子有关的诗词吗？它们分别歌颂了竹子的什么精神？搜集资料，填写下表。

诗词	表达情感
例： **竹石** ［清］郑燮 咬定青山不放松， 立根原在破岩中。 千磨万击还坚劲， 任尔东西南北风。	此诗借物喻人，诗人通过吟咏立根于破岩中的劲竹，含蓄地表达了自己绝不随波逐流的高尚情操。

3. 博大精深、源远流长的中国竹文化也孕育出许多的名家竹画大作。竹画是中国绘画所特有的专科，历史悠久，一般分为两种方式：一为设色竹子，属花鸟画；一为墨竹画，是典型的文人画。唐代白居易在《画竹歌》中说："植物之中竹难写，古今虽画无似者。"由此可见，在白居易以前，早就有竹画了。清代画家郑燮的竹画独步天下，他认为：竹子坚强，不管风吹雨打还是严寒烈日，都是身板挺直；竹子"虚心"，不论山野巨竹还是房前青枝，都空心如一，从不妄自尊大；竹子有"节"，经得起磨难而不"变节"。

你能找到哪些与竹有关的绘画作品呢？将它记录下来吧！

绘画作品	作品简介
例：郑燮《竹石图》 	画面只写四竿修竹和湖石。竹竿纤细、坚韧而劲挺，表现出不为俗屈的活力。竹叶用浓墨和淡墨，以草书中竖长撇法运笔，密中见疏，乱中有正，充分表现出竹劲石坚，营造出一种生机勃勃的景象。左侧的题跋，洋洋洒洒百余字，道出了竹子挺立孤直、倔强不驯的内涵。郑燮的竹画提倡"瘦劲孤高""豪气凌云"，讲究既有"节"又有"品"。

任务二：参观博物馆，了解竹刻艺术

竹子具有生长周期短、用途广、经济价值高等特点，历来被广泛应用于建筑、交通、家具、造纸、工艺编织等诸多领域。

金陵竹刻艺术博物馆是金陵竹刻艺术的专门博物馆，现展出竹刻藏品一百多件，兼有收藏、展示、创研、交流四大功能。展馆和创作基地通过对金陵竹刻艺术这一民族文化瑰宝的挖掘、保护和创新、发展，巩固金陵竹刻在中国竹刻艺术中的标志性地位。

1. 参观金陵竹刻艺术博物馆，记录博物馆中竹制品的功能。回想在生活中，我们还能见到哪些竹制品，它们有怎样的功能？

	竹制品	功能
在博物馆，我找到了		
生活中，我还发现了		

2. 竹刻工艺形式丰富，主要分为立体雕和平面雕两种，立体雕中可以分成圆雕、透雕、浮雕、深雕，平面雕中可以分为浅浮雕、留青雕、深刻、浅刻等。

仔细观察博物馆中藏品，说说竹刻工艺品在器型、雕刻手法上有何不同？根据以下分类，找到对应作品，并将下表补充完整。

类别	表现手法	作品名称	艺术特点
立体雕	圆雕		
	透雕		
	浮雕		
	深雕		
平面雕	浅浮雕		
	留青雕		
	深刻		
	浅刻		

3. 竹刻艺人以刀代笔，将书、画、诗、文、印诸种艺术融为一体，赋予竹以新的生命，使竹刻作品获得了书卷之气和金石品位，风雅绝俗。

以下为金陵竹刻艺术博物馆中展示的藏品，你知道它们的功能、题材、图案及其蕴含的意义吗？查找相关资料，与同伴交流并填写下表。

展品	作品名称及功能	题材	图案及意义

任务三：搜集资料，了解竹刻的工具、步骤和方法

1. 竹刻中必不可少的就是刻刀了，你认识这些刻刀吗？将讨论后的答案填写在下面图表中。

刻刀图片			
刻刀名称			
刻刀用途			

2. 民间艺人采用切、铲、刻、敲、刮、开槽、旋转等手法，在有限的竹片上，以刀代笔，游刃有余地刻画出具有无限创意的竹刻作品。

请你尝试用不同类型的刻刀在竹片上雕刻，看一看不同的刀头刻出的刀痕有什么区别？再试试切、铲、刻、刮等手法在表现上有何不同？将尝试结果记录下来。

我的记录

3. 参观竹刻艺人的工作台，想一想，完成一件竹刻作品，除了刻刀还需要什么呢？

竹刻艺人工作台上的各类竹刻工具

需要用到的工具：＿＿＿＿＿＿＿＿＿＿

任务四：设计草图，创作竹牌

刚开始制作竹刻时，可以选择比较简单的图案或者文字，运用浅刻的方式进行。你想雕刻什么样的图案呢？一起来试试吧！请在下表的指引下完成作品，并撰写相关说明。

竹刻创作记录表		
设计草图	例：兰花竹牌设计图	草图说明：

续表

竹刻创作记录表		
准备材料	青竹片、粗砂纸和细砂纸、刻刀、颜料等。	
制作步骤	① 打磨竹片。用砂纸打磨竹片，将竹片的四个角磨圆，并将表面打磨光滑。先用粗砂纸（240号）打磨一遍，凹凸不平的地方都要打磨掉，然后换细砂纸（1000号），继续细心打磨至非常光滑。 ② 描画草图。用铅笔将设计草图勾画在竹片上。 ③ 雕刻图案。用合适的刻刀将图案的大形刻出来，一开始可以刻浅一点，然后再加深、调整。 ④ 再次打磨。雕刻完成后，用细砂纸再打磨一遍，确保表面光滑。 ⑤ 图案上色。用丙烯颜料（颜色自选）涂在竹牌凹进去的部分，并擦去表面多余的颜色。 ⑥ 上油保护。用干的无纺布裹住核桃仁给竹牌上油。	我认为需要注意的关键点：
成品效果	例：兰花竹牌成品 	作品说明：

六、展示与评价

举办班级竹刻作品展，用PPT等形式汇报自己的学习过程和学习成果。

"体验竹牌制作"自评表	
评分内容	得分（0~10分）
我了解了竹子在我国文化中的内涵和价值。	
我能够理解和阐释与竹子有关的文学、艺术作品的精神价值。	
我了解了竹刻艺术的发展历史和艺术特征。	
我能够运用刻刀等工具进行简单的竹刻。	
我能认真积极地参与本次活动。	
我能完成每个任务目标，并能表达自己的想法。	

发现工艺之美

续表

"体验竹牌制作"自评表	
评分内容	得分（0~10分）
我能尊重他人，虚心接受他人的意见和建议。	
对本次活动中我的作品，我打（　　）分。（满分30分）	
总分	

七、拓展活动

古籍中的"竹"

又东二百里，曰京山，有美玉，多漆木，多竹，其阳有赤铜，其阴有玄礵。——《山海经·北山经》

籊籊竹竿，以钓于淇。岂不尔思？远莫致之。——《诗经·卫风·竹竿》

瞻彼淇奥，绿竹猗猗。有匪君子，如切如磋，如琢如磨。瑟兮僩兮，赫兮咺兮。有匪君子，终不可谖兮。——《诗经·卫风·淇奥》

是月也，玄鸟至。至之日，以大牢祠于高禖。天子亲往，后妃帅九嫔御。乃礼天子所御，带以弓韣，授以弓矢，于高禖之前。——《礼记·月令》

得竹简、青丝纶，简广数分，长二尺，皮节如新。——《南齐书·文惠太子传》

箭竹，高者不过一丈，节间三尺，坚劲中矢，江南诸山皆有之。——《竹谱》

黄帝使伶伦自大夏之西、昆仑之阴，取竹于嶰谷，生其窍厚均者，断两节而吹之，以为黄钟之管，制十二筒，以听凤之鸣，其雄鸣六，雌鸣亦为六。天地之风正，而十二律之五声于是乎生，八音于是乎出。——《风俗通》

断竹，续竹，飞土，逐宍。——《弹歌》

冉冉孤生竹，结根泰山阿。——《古诗十九首》之《冉冉孤生竹》

幽兰不可佩，朱草为谁荣？修竹隐山阴，射干临增城。——阮籍《咏怀八十二首》

读一读，想一想，这些古文中的"竹"分别有着怎样的含义。

_____

_____

_____

八、活动反思

竹文化在我国源远流长，金陵竹刻历史悠久，在明清时期曾盛极一时。随着时代的发展，今天的竹刻艺术已逐渐衰微，但当我们走进博物馆，看到竹刻艺术家们的作品时，还是会被深深地震撼，方寸之间的精雕细琢背后是日复一日的坚持和坚守。摩挲着竹刻作品上深深浅浅的刻痕，学生们表示在参观过程中似乎一下便懂得了工匠精神的意义：是那种像竹一样扎根蓄势，一鸣惊人的力量；是那种经得起打磨，耐得起寂寞，扛得起责任，肩负传承使命的信仰。最后的实践活动是竹牌雕刻，虽然学生初次上手，刀法稚嫩，成品也比较粗陋，但是他们都非常认真，也用实际行动表达了对传统文化的兴趣和敬意。

九、拓展链接

周裕苍.中国竹文化［M］.济南：黄河出版社，1992.

上海博物馆编.竹刻、刻竹［M］.北京：北京大学出版社，2012.

陆原，陆晔.金陵竹刻［M］.南京：南京出版社，2014.

凭风一线　金陵纸鸢

学科：美术、语文、物理　　知识点：风筝工艺、鉴赏

曹雪芹与风筝

相传，春秋时期的墨翟以木头制成木鸟飞天升空，这木鸟可以认为是人类最早的风筝。后来鲁班用竹子改进墨翟的风筝材质，至东汉蔡伦改进造纸术后，以纸制作风筝成为可能。南北朝时，风筝开始成为传递信息的工具。从隋唐开始，由于造纸业的发达，民间开始用纸来裱糊风筝，称为"纸鸢"。到了宋代，放风筝成为人们喜爱的户外活动。宋代周密在《武林旧事》中写道，清明时节，人们到郊外放风鸢，日暮方归。

曹雪芹是我国古典文学名著《红楼梦》的作者。可是你知道吗？他曾编纂了关于风筝制作的《南鹞北鸢考工志》。该书印于乾隆二十二年（1757年），曹雪芹在这本书的自序中记下了一件特殊的往事。

曹雪芹在京城结识的老朋友江宁人于景廉在年关之前来看望他。于景廉一只脚受过伤，家里人口又多，旅居京城后，仅靠画画为业，难以养家糊口。曹雪芹听于景廉闲谈时说京城有某位公子为购风筝一掷数十金。言者无意听者有心，曹雪芹想到家中还有竹、纸，于是就扎了几只风筝送给于景廉，让他看看能否将风筝卖了换钱。曹雪芹在自序中还写道："是岁除夕，老于冒雪而来，鸭酒鲜蔬，满载驴背，喜极而告曰，不想三五风筝，竟获重酬。"受此启发，曹雪芹决定把自己掌握的有关风筝的资料和制作经验整理成书，传授给更多需要此项技术的人，"将扎风筝的手艺传开，使鳏寡孤独、老幼病残，皆可自食其力"。

在《南鹞北鸢考工志》一书中，曹雪芹将以往流传的和自己创制的风筝绘成图谱，并编成通俗易懂的工艺歌诀，讲解风筝的制作方法。直到20世纪50年代，北京制作风筝的名家所用的图式，还大都出自《南鹞北鸢考工志》，形成了"曹氏风筝"这一流派。

宋，苏汉臣《百子嬉春图》

本篇作者：南京市中华中学上新河初中　缪晶宇

一、活动背景

风筝发展至今已有 2000 多年的历史，是中国古代劳动人民智慧的结晶，也是人类最早的飞行器。2000 多年来，高超的风筝工艺与悠久的中国传统文化融合，风筝不仅仅是简单的纸鸢，还放飞着人们飞翔的梦想和对美好生活的向往。那些充满寓意的美好形象，如双凤朝阳、五福捧寿、平安如意等，都融合了人们的欣赏习惯和美好祝福，更传达着中华民族悠久传统和民间习俗，因而长盛不衰。2006 年，风筝制作技艺被列入第一批国家级非物质文化遗产名录。

本次活动通过对风筝历史和文化的探究，了解我国风筝的悠久历史、审美特点和丰富内涵；走进南京民俗博物馆，体验传统风筝工艺和制作方法；最后通过"放飞梦想"的活动，体会放风筝之乐。学生在与传统对话的过程中，感受传统文化的不朽魅力，表达自己对美好生活的向往和憧憬。

二、活动目标

1. 了解风筝发展史和不同地域风筝的特点。

2. 了解风筝背后的文化习俗。

3. 了解风筝的图案类型、色彩和文化内涵。

4. 了解金陵风筝的制作工艺，尝试设计风筝图案并制作风筝。

5. 提高对中国传统工艺美术的认知，激发对中国传统文化深入研究的兴趣与热爱之情。

三、核心素养

图像识读	能够从风筝的造型、色彩、工艺等方面理解风筝艺术之美。
美术表现	运用传统及现代材料、技术制作、绘制风筝工艺品。
创意实践	培养创新意识，运用创意思维改造传统工艺，进行风筝的创新设计。
文化理解	理解风筝图案背后丰富的文化内涵，感受其特有的艺术魅力。

四、问题与实施

小问题	实施计划
1. 你知道风筝的历史吗？你听过风筝的故事吗？你知道风筝和纸鸢的区别吗？ 2. 我国四大风筝产地分别是哪里？不同地域的风筝有哪些不同的特点？我们南京的风筝工艺有什么特点？ 3. 传统风筝有什么功能？	资料搜集
4. 风筝上的图案有什么特点？有什么象征意义？ 5. 传统风筝是如何制作的？ 6. 今天的风筝和古代相比有了哪些新的变化？	实地考察 案例分析 注重对过程性材料的收集和记录
7. 绘制风筝图案有哪些需要注意的地方？ 8. 风筝的造型有什么特点？如何进行制作？ 9. 风筝是怎么飞起来的？有什么安全注意事项？	问题研讨 创作实践
10. 如何展示我们制作的风筝？	汇报展示

五、实施过程

任务一：探究风筝的历史

风筝在中国古代，又叫纸鸢、纸鹞、木鸢，其中南方称风筝为"鹞"，北方称风筝为"鸢"。"鹞"和"鸢"其实指同一种飞禽，即鹞鹰。鹞鹰比鹰小，羽毛呈灰褐色，腹部白色，有赤褐色横斑，喜捕食小鸟。鹞鹰能长时间在空中平展双翅盘旋，且翅膀一动不动，跟风筝很相似。

1. 风筝的起源。

关于风筝的起源，我们可以肯定的是木鸢是纸鸢的前身。东汉蔡伦改进造纸术后，纸才有可能被用于制作纸鸢。

①《韩非子·外储说》记载："墨子为木鸢，三年而成，蜚（飞）一日而败。"

②《墨子·鲁问篇》记载："公输子削竹木以为鹊，成而飞之，三日不下。"

097

发现工艺之美

分析上面两段材料，说一说你的理解。

_____

_____

2. 早期风筝的功能。

① 宋代高承《事物纪原·卷八纸鸢》中记载："俗谓之风筝，古今相传，云是韩信所作。高祖之征陈豨也，信谋从中起，故作纸鸢放之，以量未央宫远近，欲以穿地隧入宫中也。"

② 宋代司马光在《资治通鉴》中记载：公元549年时，"高州刺史李迁仕、天门太守樊文皎将援兵万余人至城下。台城与援军信命久绝，有羊车儿献策，作纸鸱，系以长绳，写敕于内，放以从风，冀达众军"。

分析这两段材料，想一想，早期的风筝有什么功能？

_____

_____

3. 风筝与纸鸢的区别。

《询刍录·风筝》记载："五代李邺于宫中作纸鸢，引线乘风戏。后于鸢首，以竹为笛，使风入竹，如鸣筝，故名风筝。"

查阅相关资料，找一找，风筝和纸鸢有区别吗？

_____

_____

任务二：不同地域的风筝及特点

1. 我国有四大风筝产地，你知道它们分别在哪里吗？不同地域的风筝都有什么特点呢？

	风筝产地	风格特点
1		
2		
3		
4		

清代木版年画《十美图·放风筝》

知识卡片：风筝的种类

按风筝的构造可分为：

硬翅风筝：如沙燕等是用上下两根横竹条做成的翅膀构架。

软翅风筝：如鹰、燕等是只用上面一根竹条做成的翅膀构架。

板子风筝：一块类似板子的风筝。如脸谱风筝、双鱼风筝、青蛙风筝、钟形风筝、鼎形风筝、蝉风筝等。

串式风筝：如蜈蚣、串雁等。

挑风筝：如双燕、双鸽等横向并行排列的风筝。

软风筝：没有骨架或只有很少纵向骨架，靠风的压力放飞的风筝。

桶形风筝：由一个或多个圆筒或其他形状的筒组成的风筝，如宫灯。

按风筝的功能可分为：

玩具风筝：作为一般玩具的风筝，它们往往没有很高的艺术价值，也没有特殊的性能，但是简单、便宜、易于普及，是数量最多、流传最广的风筝品种。

观赏风筝：这类风筝的艺术价值较高，有着考究的图案、色彩和造型，不只放飞时十分优美，挂在屋子里也是很好的装饰品。如蝴蝶、蜈蚣、脸谱、凤凰、仙鹤等风筝。

特技风筝：这类风筝只注重特技性能，如能进行空战，能上下翻飞，能在空中变色等等，是一种技巧性很高、竞技性很强的风筝。

实用风筝：这类风筝能完成一定的工作任务，如进行空中摄影、通信、救生、科研、气象探测等。

发现工艺之美

2. 风筝的寓意与民俗。

你知道吗？放风筝是南方过重阳节的主要习俗之一。除了重阳时节天高云淡，风轻日明，风筝可轻松乘风而上的天气原因外，有一种说法认为，重阳放风筝是"放吉祥""放福气"，风筝飞得越好，则福气越浓。

古人一般会在什么季节风筝？他们放风筝的目的是什么？

_____

_____

3. 风筝知识大闯关。

（1）风筝起源于（   ），至今已有（   ）年的历史。

（2）风筝的别称都和（   ）有关系，比如北方称为（   ），南方称为（   ）。

（3）风筝最初被用于（   ）方面。

（4）在明清时期，（   ）放风筝已成为一种节令性的民俗活动。

（5）风筝按种类可以分为（   ）、（   ）、串式风筝、板子风筝、桶式风筝、自由式风筝。

（6）连一连。

北京   板鹞风筝
天津   沙燕风筝
山东潍坊   软翅风筝
江苏南通   龙形风筝

（7）传统风筝制作基本步骤：① 设计图样，② 扎制骨架，③ 裱糊翼面，④（   ）。

任务三：风筝的图案设计

民国时期，南京制售风筝的民间艺人大多集中在夫子庙和中华门一带。扎制者一般为纸扎店铺工人或花灯艺人，所制风筝花式品种丰富多彩，精美诱人。据潘宗鼎《金陵岁时记》记载："（风筝）今人巧制不一，有龙、鲢、蝶、蟹、蜈蚣、金鱼、蜻蜓、蝉、鹰、燕、七星、八角、花篮、美人、明月、灯笼、钟、板门、胡子老、双人诸名，翱翔空际，宛转如生，复加响弦其上，足以极视听之娱。"

1. 根据搜集的材料，总结风筝的图案可以按怎样的方式分类。

_____

2. 你能发现不同风筝图案背后的意义吗？试举例说明。

风筝图案	意义
例：	沙燕风筝上绘有牡丹和蝴蝶。牡丹代表着富贵。蝴蝶的蝴与"福"谐音，代表福寿安康。两者组合在一起有"福禄双全"的意思。

3. 仔细观察，风筝的图案都有哪些特点？

_____

_____

4. 根据搜集的材料，为风筝图案分类，并试着临摹你喜爱的图案。

风筝纹样的类别	粘贴找到的资料	我的临摹

5. 风筝的造型丰富，图案样式繁多，选择一款你喜欢的造型，设计风筝图案，并填上色彩。（也可以自己设计造型）

设计我自己的风筝	
沙燕风筝	金鱼风筝
自选造型	

任务四：风筝的制作工艺

1. 你放过风筝吗？风筝是由哪些材料制成的呢？

_____

_____

2. 走进南京民俗博物馆，向风筝艺人请教风筝是如何制作的，观摩风筝艺人"四艺"制作工序。试分析现代的风筝制作和传统风筝制作相比有哪些相同点和不同点？

风筝类型	相同点	不同点
传统风筝		
现代风筝		

知识卡片：风筝"四艺"

传统中国风筝的制作技艺可以概括为"四艺"——扎、糊、绘、放，即扎架子、糊纸面、绘花彩、放风筝。看起来简单，可是实际操作起来却复杂得多，如"扎"包括选、劈、弯、削、接，"糊"包括选、裁、糊、边、校，"绘"包括色、底、描、染、修，"放"包括风、线、放、调、收。

3. 制作风筝。

（1）制作风筝的材料与工具。

材料	风筝布、竹条、快干胶、绑扎线。
工具	剪刀、砂纸（用于打磨竹条）、手锯（锯断竹条）。

想一想，和古代相比，今天的风筝在材料上发生了哪些变化？

_____

（2）扎风筝骨架。

① 风筝大多用竹条做骨架，因为竹条体轻质坚，纤维直而密，有一定的韧性和弹性。根据风筝造型的不同，我们会搭配不同造型的骨架，你能说出下面几款风筝骨架的名称吗？

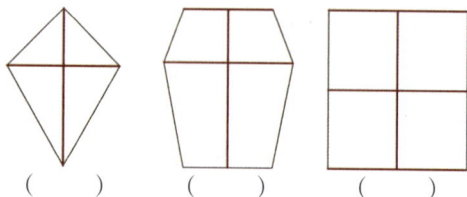

（　　）　　（　　）　　（　　）

② 除了上图中的几款，还有哪些不同造型的风筝骨架呢？

③ 风筝的尾巴是重要的平衡构件，请你为上面几款风筝画上风筝尾巴吧！

知识卡片：无骨纸风筝制作

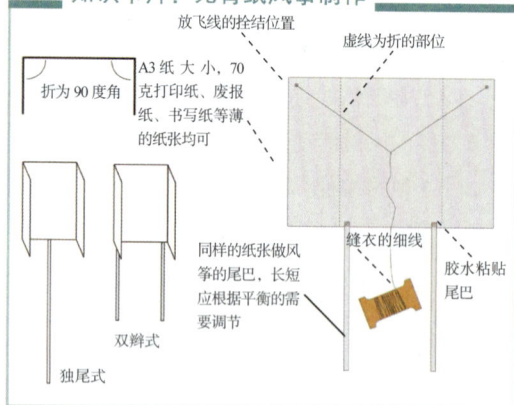

（3）小组合作，制作风筝。

任务五：放飞风筝

1. 风筝为什么能在空中飞翔，你知道其中的力学原理吗？小组讨论，将你们讨论的结果写下来。

_____

_____

2. 你放过风筝吗？放飞风筝有什么技巧？你还知道有哪些安全注意事项吗？

_____

_____

3. 举办放风筝活动。放风筝是一项很好的运动，追着风筝跑能锻炼身体，看着风筝飞能预防近视，仰头放风筝能预防颈椎病，户外活动能让我们心情愉悦！选一个风和日丽的日子，一起放飞风筝吧！

学生放飞风筝　　　学生风筝作品展

六、展示与评价

1. 运用 PPT、小报、微视频等形式展示自己的风筝设计及绘制过程，分享学习经验和学习成果。

我的学习反馈单
1. 在风筝的设计、绘制过程中，你觉得哪里比较困难？你是如何克服的？
2. 你最满意自己制作的风筝的哪一部分？说说你的创作经验。
3. 你觉得自己的风筝哪里还存在不足，应该如何改进？
4. 如果请你给自己的风筝打分（满分 100 分），你打多少分？（　　　）
5. 请你结合本次活动中大家展示的作品，做出相关优胜奖的推荐。 最佳颜值风筝推荐（　　　） 最佳主题风筝推荐（　　　） 最具创意风筝推荐（　　　） 最强技术风筝推荐（　　　）

2. 举行风筝放飞活动，由学生评委、教师评委打分，评选出"最 ×× 风筝"。

风筝评分表		
序号：　　　选手姓名：　　　风筝名称：		
评价项目	评价内容	得分
审美指标	主题明确，有文化内涵。（10 分）	
	造型新颖、有创意。（10 分）	
	色彩搭配和谐，有美感。（10 分）	
	绘制精细，上色均匀。（10 分）	

续表

风筝评分表		
技术指标	风筝制作符合要求，平衡性好。（10 分）	
	风筝可以放飞，升空顺利。（20 分）	
	风筝在空中停留时间较长。（10 分）	
附加分	其他优点（20 分）：	
综合评分		
评委点评	评委签名：	

七、拓展活动

诗词里的风筝

唐宋时期，放风筝就已经成了相当普遍的活动，不论民间还是宫廷，都对风筝表现出浓厚的兴趣。宋代放风筝更为流行，风筝也成了一种题材和意象，出现了大量借写风筝表达志趣的诗文。

夜静弦声响碧空，宫商信任往来风。
依稀似曲才堪听，又被移将别调中。
——唐·高骈《风筝》

雨余溪水掠堤平，闲看村童谢晚晴。
竹马踉蹡冲淖去，纸鸢跋扈挟风鸣。
——宋·陆游《观村童戏溪上》（节选）

偷放风鸢不在家，先生差伴没寻拿。
有人指点春郊外，雪下红衫便是他。
——明·徐渭《风鸢图诗》

柳条搓线絮搓绵，搓够千寻放纸鸢。
消得春风多少力，带将儿辈上青天。
——明·徐渭《风鸢图诗》

昂藏意气入云烟，喜放风筝到九天。
要识扶摇能直上，全凭一线手中牵。
——清·郑用锡《小孙放风筝，志勖》

风鸢放出万人看，千丈麻绳系竹竿。
天下太平新样巧，一行飞上碧云端。
——清·杨米人《都门竹枝词》

101

除了诗词，还有很多画家也画了和风筝有关的作品，比如明代大画家徐渭。查找资料，找一找诗词和绘画作品中的风筝，和同伴们一起交流。

明，徐渭《风筝图》

八、活动反思

今天的学生面对民间艺术的时候，大多或"看"或"玩"，一笑而过。还有的学生会觉得民间艺术或"土"或"俗"。因此，我们在进行民间艺术相关教学活动设计时，不但要挖掘其时代背景、文化内涵，更要站在传承和发展的角度思考其在当今时代的价值意义，尤其要站在学生的角度去思考：他们会喜欢怎样的民间艺术？他们会需要怎样的民间艺术作品？民间艺术中那古老的故事、夸张的形象、艳丽的色彩应该用何种方式来呈现？

在这次活动中，我们围绕金陵纸鸢这一主题展开，从历史故事、节日风俗、图案设计、工艺制作、飞行原理等方面引导学生主动探秘，了解风筝的方方面面，最后以身着汉服、放飞希望的体验活动完成展示评价环节，升华主题。

九、拓展阅读

任晓姝.风筝［M］.重庆：重庆出版社，2019.

李友友.民间风筝［M］.北京：中国轻工业出版社，2009.

范军.中国传统风筝入门［M］.北京：人民邮电出版社，2022.

发现工艺之美

名士风流　金陵书画

学科：美术、历史　　知识点：鉴赏、中国画、书法、文创设计

活动预热

书画史上的金陵名家

南京是中国书法、绘画的重镇，南京书画艺术的大发展大致经历了几个时期。

中国画史上的第一个高峰就出现在六朝时期的金陵，在这三百余年间，金陵涌现出一批书画大家和书画理论家，如被誉为"六朝四大家"的（三国·吴）曹不兴、（东晋）顾恺之、（南朝·宋）陆探微、（南朝·梁）张僧繇，作为里程碑式的人物，他们曾对中国书画艺术发展产生了深远的影响。

到了南唐时期，统治者喜好文艺，设立画院，礼遇画士，授以官位。著名人物画家顾闳中就是南唐画院的名家，他所作的《韩熙载夜宴图》为当今稀世珍宝。南唐时期的画家徐熙性情豪爽旷达，志节高迈，善画花竹林木、蝉蝶草虫，其妙与自然无异，时称"江南花鸟，始于徐家"。五代时的画僧巨然改流行一时的"大斧劈"画法，保留水墨烟岚的画面气息，打开了江南山水画的新局面。

几百年后，朱元璋定都南京，又一次让诸多名家汇聚于此。到了明末清初，南京成为政治上极为敏感且十分微妙的地区。在这种情况下出现了一批不愿与朝廷合作，隐居山林之中的"遗民士人"。其中最具代表性的便是"金陵八家"——龚贤、樊圻、吴宏、高岑、胡慥、谢荪、邹喆、叶欣，他们大多没有在仕途上谋求生机，只是醉心于书画，描绘秀丽的山川，以诗画相酬唱。

清末民国的社会剧变，中西文化的交融，都对书画艺术产生了深远的影响。20世纪20至30年代，徐悲鸿、颜文樑、吕斯百、陈之佛等画坛名流云集南京，新金陵画派发端于此。新中国成立后，从百废待兴到万象更新。到了20世纪60年代初，以傅抱石、钱松嵒、亚明、宋文治、魏紫熙等为代表的画家，在继承传统的基础上，进行了艰辛的艺术探索与变革，推动传统山水画从旧形态向现代审美取向转型，实现了中国画"笔墨当随时代"的创新，创作出《江山如此多娇》《红岩》等一批传世之作，形成了富有创新精神与地域特色的"新金陵画派"。"新金陵画派"以山水画为主要表现形式，用传统笔墨反映当代生活，讴歌时代，讴歌人民，实现了反映现实生活的思想性与中国传统山水画水墨技法的和谐统一，使中国山水画进入新的历史阶段。

清，龚贤《溪山无尽图卷》

傅抱石、关山月《江山如此多娇》

走进博物馆

本篇作者：南京河西外国语学校　张可竹

一、活动背景

中国书画艺术源远流长。在书法上，书体经历了甲骨文、金文、大篆、小篆、隶书、草书、行书、楷书等阶段。大书法家王羲之的出现使书法艺术大放异彩。到了唐代，出现了欧阳询、褚遂良、颜真卿、柳公权等一批造诣千秋、风格多样的书法大家。经历宋、元、明、清，中国书法成为一个民族符号，代表了中国文化博大精深和民族文化的永恒魅力。在绘画上，中国画分为花鸟、人物、山水诸科，从魏晋山水画的滥觞，到隋唐五代人物画的繁盛，从两宋的全面繁荣到近代的流派纷呈、名家辈出。南京作为中国书法、绘画艺术的重镇，在书画历史上有着不可替代的重要地位，而活跃在这片土地上的书画名家更如一颗颗明珠，散发出夺目的光彩。

南京博物院是中国三大博物馆之一，珍藏有约43万件（套）文物，不仅数量众多、品类齐全，而且独具特色，既有全国性的又有江苏地域性的，既有宫廷传世品又有考古发掘品。其中书画作品是南京博物院藏品的重要门类，历朝历代均有珍品佳作。除了藏品，南京博物院还有丰富的教育活动和研学活动。

本次活动带领学生走进南京博物院，开启一段探寻中华书画发展史的旅程，通过与历史上不同阶段书法、绘画艺术藏品的零距离接触，将美术鉴赏的方法融入实践，在探寻和梳理的过程中，重点寻找与南京有关的书画代表人物及作品，分析其艺术价值，并进行临摹练习，全面感受地域书画的魅力。

二、活动目标

1. 了解不同历史时期中国书法、绘画的风格特点。

2. 了解南京在中国书画发展史上的地位和不同时期与南京有关的书画名家及其代表作品。

3. 通过相关知识的学习，培养学生搜集、查阅、整理和提炼总结资料的能力。

4. 结合书本知识，学习并掌握中国传统书画作品的鉴赏方法，了解技法并用自己的方式尝试临摹。

5. 提高对中国书画艺术价值的认知，激发对传统艺术的深入研究兴趣及热爱之情。

6. 通过推进博物馆资源和学校资源的融合，让走进博物馆成为一种常态化的学习方式和生活方式。

三、核心素养

图像识读	能够用联系、比较的方法对我国书画艺术，尤其是南京地区书画艺术作品进行整体分析、识别和解读
美术表现	培养空间意识和造型意识，能够运用多种材料围绕主题进行书画艺术创作。
审美判断	对与南京相关的经典书画作品进行感知、判断和评价；整体感受和认识我国书画艺术的独特性和多样性，培养健康的审美趣味。
创意实践	培养创新意识，运用创意思维创作美术作品。

四、问题与实施

小问题	实施计划
1. 中国书法、绘画在不同历史时期的风格特点分别是什么？有哪些代表作品？ 2. 中国文字是如何发展的？有着怎样的文字演变思维？	资料搜集
3. 南京在书法、绘画发展史上的历史地位如何？书法、绘画史上，南京的代表人物、代表作品分别是哪些？分别有什么历史贡献？ 4. 南京博物院藏有哪些代表性的书法、绘画作品？哪些和南京有关？ 5. 金陵画派和新金陵画派分别是在怎样的历史条件下产生的？作品呈现怎样的艺术风格？	博物馆探究 典型案例分析 注重对过程性材料的收集和记录
6. 如何运用现有的工具和材料临摹新金陵画派的艺术作品？	创作实践
7. 你关注过校名题字吗？是什么书体？是不是名人题字？背后有没有什么故事？ 8. 你身边有书画家吗？你和他们交流过吗？	调查与访谈

走进博物馆

五、实施过程

任务一：中国书法、绘画不同历史时期风格研究

请同学们结合下表查阅相关资料，提炼中国书法、绘画在不同历史时期的代表人物、代表作品及风格特点。

中国书法发展			
时代	代表人物	代表作品	风格特点
先秦			
秦汉			
魏晋南北朝			
隋唐及五代			
宋代			
元代			
明代			
清代			

中国绘画发展			
时代	代表人物	代表作品	艺术风格
先秦			
秦汉			
魏晋南北朝			
隋唐及五代			
宋代			
元代			
明代			
清代			
近代			

任务二：寻觅南京历史上的书画名家

搜集资料，找一找在书法和绘画史上，南京有哪些代表人物、代表作品，以及对后世产生了怎样的影响？选择其中的一到二人，参考范例，完成下表。

南京书法名家			
时代	人物/流派	代表作品	影响
例：魏晋南北朝	王羲之	《黄庭经》《乐毅论》《十七帖》《兰亭序》	王羲之是伟大的书法艺术变革家，兼隶、草、楷、行各体，博采众长，摆脱汉魏书风束缚而自成一家，开创了行草新风，其《兰亭集序》被誉为"天下第一行书"。他有"书圣"之誉，是历代书家学习的楷模。

南京绘画名家			
时代	人物/流派	代表作品	影响
例：魏晋南北朝	顾恺之	《洛神赋图》《女史箴图》	顾恺之的艺术成就对后世影响很大。他的绘画以人物画为主，用笔细劲古朴，纤细均匀，如"春蚕吐丝"；他提倡"以形写神""迁想妙得"，重视人物神情、性格、精神的传达。顾恺之不仅善画，还工诗赋、书法，有画绝、才绝、痴绝"三绝"之称。

任务三：探寻中华文字之源

1. 南京博物院展厅中有一盏灯很有趣，灯罩上面有甲骨文形状的镂空，灯光穿过镂空会在地面映出文字，随着角度变化文字也会不断变化。在南京博物院中找到这个展厅，采集灯光形成的部分文字，查阅资料，说说这是什么字。

南京博物院展厅

走进博物馆

描摹甲骨文	对应的现代汉字

2. 随着时代发展，甲骨文之后出现了篆书、隶书、楷书、行书、草书，观察这些书体，你能分别说出它们的特点吗？查找资料，找出各种书体的代表人物及作品，完成下表。

各种书体示意

书体	甲骨文	篆书	隶书	楷书	行书	草书
特点						
代表人物及作品						

任务四：寻访历史上的山水画名家

南京博物院中藏有大量历代山水画作品，如夏圭的《灞桥风雪图》、黄公望的《水阁清幽图》、文徵明的《中庭步月图》、龚贤的《千岩万壑图》等，你能找到这些作品吗？游览南京博物院中的书画展厅，仔细观察这些作品，说一说不同艺术家在表现山水的手法上有何不同。

作品	南宋，夏圭《灞桥风雪图》	元，黄公望《水阁清幽图》	明，文徵明《中庭步月图》	清，龚贤《千岩万壑图》（局部）
表现手法				

任务五：探寻新金陵画派的创新之路

清朝初年，龚贤、樊圻、高岑、邹喆等人会聚金陵，形成了名震一时的"金陵画派"。

300年后的20世纪初，徐悲鸿等艺术家齐聚金陵，被视为新金陵画派的开端。20世纪中叶，傅抱石、钱松嵒、亚明、宋文治、魏紫熙等艺术家在传承传统笔墨的基础上，做出了紧随时代的变革，诠释了"笔墨当随时代"的新定义，被称为新金陵画派。

1. 在展厅中找到新金陵画派的书画作品，并记录作品介绍。

藏品	作者	创作时代	作品介绍
例：《毛泽东诗意图册页》，纸本，设色，34厘米×50厘米	傅抱石	1958年	傅抱石受人民美术出版社之邀为毛泽东公开发表的二十一首诗词作图，这套册页尽管尺幅较小，但大多数能以小见大，反映出傅抱石豪放气质和典型风格，与毛泽东诗词的雄迈纵横气概大体吻合。高山耸峙，水墨酣畅，气魄雄伟，颇有简笔小品之趣味。

2. 新金陵画派和古代山水画相比有何不同？观察展厅中的画作，试总结新金陵画派在表现对象、表现手法、表达情感上的创新之处。

_____

_____

任务六：我笔下的山水——临摹新金陵画派作品

新金陵画派多以江南山水为表现内容，作品大多清新秀丽，秀中有雄，极具江南山水特色，色彩清丽，充满着新时代的生命力。请大家选择一幅喜欢的

走进博物馆

作品，从构图、造型、色彩、笔法等方面向大家推荐这幅作品，并用素描、水彩、彩铅等媒材进行临摹。

临摹作品	推荐理由

艺术家，以《我身边的艺术家×××》为题，写一篇采访报道。

我身边的艺术家＿＿＿	
采访时间	艺术家：　　　采访人：
采访记录	
采访小节	关键词： 代表作品： 艺术风格： 我的看法：

任务七：我身边的书法——探寻校名题字

同学们，你观察过校名题字吗？你知道北京大学、清华大学和南京大学的校名都是毛泽东题写的吗？

1. 你知道自己就读过的学校校名是什么书体或是哪位名人题写的吗？其背后有什么有趣的故事吗？

2. 南京高校云集，请你走一走，看一看，查一查，调查南京高校校名的书体、作者及背后的故事。

校名	校名书体	题字名家	背后的故事

任务八：走近南京书画名家

你身边是否有书法家或画家呢？尝试拜访

任务九：金陵书画艺术文创产品设计

南京悠久的书画历史和文化一定能激发你的创作灵感。请你结合所学书画知识和技能，发挥想象，设计一件有南京书画元素的文创产品吧！

我的设计手稿	设计理念

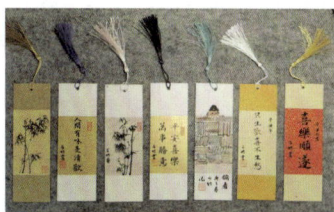

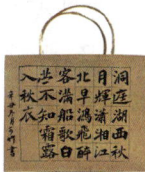

书画元素文创产品，张可竹设计

六、展示与评价

1. 各小组运用PPT或其他形式展示博物馆研学的过程、成果及收获。

2. 班级举行"大美金陵"文创产品展，在黑板报或宣传栏中展示大家的作品。

3. 运用评价单，通过自评、互评和师评的方式，对学习过程及成果进行评价。

107

走进博物馆

自主学习评价单					
评价维度	评分内容	自评 （0~5分）	互评 （0~5分）	师评 （0~5分）	
知识水平 （15分）	你是否了解中国书法、绘画在不同历史时期的风格特点？				
	你是否了解南京在中国书画发展史上的地位和不同时期与南京有关的书画名家及其代表作品？				
	你是否掌握中国书法和绘画的鉴赏方法？				
创新实践 （10分）	你是否能用身边的绘画工具和材料临摹相关美术作品？				
	你是否能够运用传统元素进行创新表现？				
合作参与 （15分）	在本次活动中，你是否能够主动参与每个学习任务并积极思考？				
	在团队活动中，你是否能够尊重他人意见，实现和团队成员的互助合作？				
	你是否能够站在客观公正的立场上对自己或他人的作品进行评价和分析？				
自我评价 （10分）	如果让你为自己/本组的作品打分，你会打几分？				
	如果让你为自己在学习活动中的综合表现打分，你会打几分？				
本次活动中，你有哪些收获或想法？					
在活动过程中，你遇到哪些困难，是如何解决的？					
你对本次活动还有哪些意见和建议？					
教师点评					
总评分	优秀（　　）良好（　　）合格（　　）不合格（　　）				

七、活动反思

本次研学活动以"寻找南京有关的书画作品"为切口，践行"一路行程，一路学程"的理念，让学生在学习单指引下，自主开展开放性学习。在活动中选取典型的书法、绘画等艺术作品，结合地方博物馆资源，提高学生自主学习与探索的兴趣，顺利地解决本次研学活动的目标。

借助地方博物馆资源，既能使学生在博物馆里追溯中国传统书画文化的源头，也能让他们近距离接触中国书画等艺术藏品，甚至能身临其境地感受当代书画家们如何通过艺术技法表达丰富的情感。通过博物馆研学，打破校内的课堂学习模式，将多学科知识融合，激发学生学习的积极性与主动性，使他们近距离接触艺术作品，拓宽眼界，提升文化素养。

八、拓展阅读

徐亚慧.画派系列·金陵画派［M］.南京：江苏人民出版社，2019.

张云志，夏茵.画派系列·新金陵画派［M］.南京：江苏人民出版社，2019.

左庄伟，孙莉坪.南京历代经典绘画［M］.南京：南京出版社，2017.

高顺青.南京·天下文枢［M］.南京：江苏人民出版社，2019.

走进博物馆

锦绣河山　南京云锦

学科：美术、语文　　知识点：云锦艺术、鉴赏、图案设计、文创设计

活动预热

寸锦寸金的南京云锦

云锦是南京著名的手工艺品，因其锦纹色彩绚丽辉煌，美如天上云霞而得名。南京云锦与成都的蜀锦、苏州的宋锦、广西的壮锦并称"中国四大名锦"。南京云锦至今仍以传统的大花楼提花木织机织造，还保持着传统的特色和独特的技艺。

云锦的历史可以追溯至东晋安帝于义熙十三年（417 年）在秦淮河畔的斗场寺附近设置的专门管理织锦的官署——锦署。

元代，蒙古人对金装饰的织物非常感兴趣，大量生产"纳石失"（一种贵重的织金锦），他们用真金装点官服，使得"织金夹银"的云锦脱颖而出。1280 年，元世祖忽必烈在南京设立专门为皇室和百官织造缎帛的东、西织染局。

明代，在南京设立的官营织造机构有内染织局（南局）、供应机房、神帛堂等。在技艺上，明代发展了"妆花"织造技法，并将其运用到纱、罗、绸、绢、绒等不同质地的织物上。织造一件龙袍，基本要耗费两年时间。

清代，南京云锦业发展到顶峰，官府在南京设立江宁织造局（署），织造的重点基本是大红蟒缎、大红缎、片金、折缨等高档织物，是御用织缎的主要织造部门。当时民间织造业也很兴盛，南京有 30 多万人以丝织相关产业为生，年产锦缎上百万匹，造就了南京最大规模的手工产业。至今，南京仍在沿用与云锦业相关的老地名，如绒庄街、颜料坊、红花地、踹布坊等。

1949 年后，政府投入大量资金用于恢复和保护云锦，南京市云锦研究所还成功地复制了湖南长沙马王堆汉墓出土的素纱单衣、定陵出土的明万历皇帝"织金孔雀羽妆花纱龙袍"等。2006 年，南京云锦木机妆花手工织造技艺被列入第一批国家级非物质文化遗产名录，2009 年成功入选联合国人类非物质文化遗产代表作名录。

定陵出土的万历皇帝龙袍复制品，南京云锦博物馆

109

走进博物馆

本篇作者：南京市中华中学上新河初级中学　李菡

一、活动背景

在现代教育中，综合艺术教育体现在美术方面的重要特征就是通过不同审美要素的相互碰撞、相互融合生成一个可持续发展的教学过程。民间美术及地方美术资源进课堂是当今综合艺术课程开发的常见形式，让传统的民族文化与现代艺术理念对话、交叉和贯通，培养学生的艺术传承意识与创新精神，是民间艺术进课堂要追求的境界。

随着云锦申遗的成功，更多的人认识了云锦，关心着云锦的命运。作为南京人，我们有责任和义务去认识、了解、关心、传承这一优秀的传统工艺。本活动以"探寻云锦里的秘密"为主题，带领学生走进南京云锦博物馆，一同发现云锦的工艺之美、图案之美、配色之美、文物之美、创新之美，让学生通过研学成为云锦艺术的爱好者、保护者和传播者。

二、活动目标

1. 了解云锦织造工艺，感受不同云锦织造工艺的特点。

2. 搜集和观察云锦图案素材，了解云锦图案的借物象征、取物谐音的意义以及丰富的文化内涵。

3. 学习云锦图案的配色方法，尝试借助多种媒介，模仿云锦艺术效果大胆创作。

4. 了解现代云锦艺术的发展及与当代生活的关系，探索将云锦艺术融入现代生活的方式。

三、核心素养

图像识读	能够分析、解读云锦的图案、色彩、形式等特征。
美术表现	运用图案的造型设计方法创作云锦图案。
审美判断	感受和认识云锦艺术的独特性和多样性，提升审美能力。
创意实践	培养创新意识，运用创意思维创作美术作品。
文化理解	从文化角度观察和理解云锦艺术，感受云锦艺术特有的文化内涵和艺术魅力。

四、问题与实施

小问题	实施计划
1. 你知道云锦的历史吗？ 2. 不同时期的古代云锦服饰有何艺术特点？	资料搜集
3. 参观云锦博物馆，了解云锦的织造工具、制造材料和织造过程。 4. 云锦图案纹样有何特点？不同纹样有怎样的象征意义？ 5. 云锦图案运用了哪些配色方法？ 6. 如何让云锦艺术走进现代人的生活？我们应当如何保护、传承、弘扬这门艺术？	博物馆探究 典型案例分析 注重过程性材料的收集和记录
7. 如何运用已有知识设计一款仿云锦艺术效果的图案？ 8. 如何运用自己设计的云锦图案设计一款云锦文创产品？	创作实践

五、实施过程

任务一：了解南京云锦的特点和价值

1. 在古代丝织物中，锦是代表最高技术水平的织物，而南京云锦则集历代织锦工艺之大成，位列中国四大名锦之首。查阅资料，了解中国四大名锦，完成下方表格。想一想，为什么南京云锦位列"中国四大名锦"之首？

中国四大名锦	产地	艺术特色

2. 下图为四大名锦图例，请分别在括号中填上它们的名称。

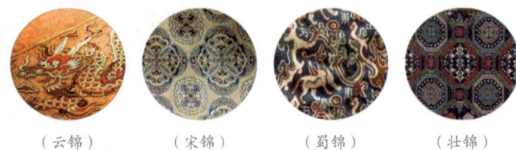

（云锦）　（宋锦）　（蜀锦）　（壮锦）

3. 南京云锦是中国传统的丝制工艺品，有"寸锦寸金"之称，你觉得这一说法有道理吗？查阅资料，记录云锦的特点并谈谈你的看法。

任务二：了解云锦工艺

南京云锦博物馆是中国唯一的云锦专业博物馆，主要展示以南京云锦为代表的中华民族织锦艺术。馆内展示有云锦织造工艺、明清云锦精品实物、中国古代丝织文物复制品，以及少数民族织锦等。

南京云锦博物馆

1. 找一找，填一填。

云锦生产工艺极其繁杂，工序极多。概括起来，主要有五大部分，即纹样设计、挑花结本、原料准备、造机和织造。请同学们在博物馆仔细找一找，了解有关内容，完成下表。

云锦生产工艺步骤	图片	具体内容及功能
一、纹样设计		
二、挑花结本		
三、原料准备		
四、造机		
五、织造		

2. 试一试，画一画。

云锦纹样的设计通常使用意匠图。所谓意匠图就是在按一定比例画有竖线和横线（即经纱和纬纱）的方格纸（称为意匠纸）上描绘织物组织和图案。小方格的长宽可根据织物的经纬密度调整，意匠图所画出的图案能很大程度上反映出织出的图案的形态。

参考云锦意匠图图例，设计一个简单的花卉纹样，感受云锦工艺的考究并记录你的感受。

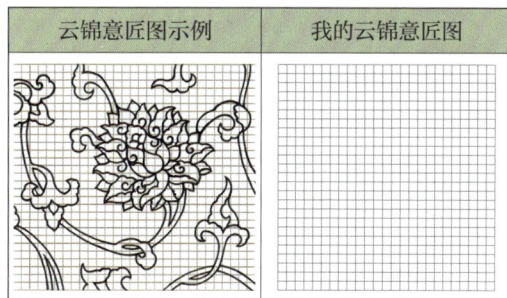

云锦意匠图示例	我的云锦意匠图

3. 看一看，写一写。

云锦工艺种类丰富，主要有以下四种，在博物馆参观中了解并记录不同种类云锦的织造工艺特点。

织造工艺	工艺图例	工艺特点
妆花		
织金		
库缎		

续表

织造工艺	工艺图例	工艺特点
库锦		

任务三：感受云锦的图案之美

1. 纹样之美。

南京云锦作为一种审美价值极高的织锦，它的图案不仅具有很强的形式美，在题材上也异常丰富，囊括了动物、植物、人物、吉祥纹样等，包罗万象，讲究寓意，表达了人们对美好生活的向往与希望。

查阅资料，说一说下表中纹样背后的象征意义，并记录你的收获。

纹样	题材	象征意义
	植物花卉	牡丹是美的化身，素有"国色天香"的美誉，是富贵吉祥、繁荣昌盛的象征。
我的收获		

2. 格式之美。

南京云锦图案严谨庄重，常用的图案组合方式有团花、散花、满花、缠枝、串枝、折枝、锦群等。观察博物馆中的展品，说一说它们的图案组合方式。在研究的基础上完成下表，并选出最喜欢的一款，写出它的特点。

纹样	图案组合方式	纹样	图案组合方式

我最喜欢_____纹样。

它的特点是：_____

3. 配色之美。

云锦图案的配色主调鲜明，具有一种浓艳、明快、强烈且轩昂的气势。明清两朝，云锦作为高级御用丝织品供帝王后妃使用，在色彩上突出庄严、华贵、典雅的气派，大量使用金色、银色（金线、片金、银线、片银），为织物增添了金彩交辉的装饰效果。

参考下面配色谱，尝试为南京云锦图案进行配色。

我的配色设计	配色参考色谱

云锦配色图，南京云锦博物馆

任务四：探秘云锦龙袍

1. 南京云锦因其复杂的工艺、华贵的材质、富丽堂皇的气派，成为元、明、清时期宫廷御用或赏赐之物。南京云锦博物馆展厅里有复制的云锦龙袍，请分别选取一件明代和清代的云锦龙袍，对比其样式、花纹的不同之处。

龙袍图片	时代	相关信息	样式及花纹特点
	明		
	清		

2. 龙袍作为中国古代帝王的正式着装，不仅华美，上面的图案更是大有讲究。十二章纹是中国帝制时代的服饰等级标志。请你在龙袍上找出这些纹样，并填写下方表格。

纹样	寓意	

十二章纹示意图

3. 选取龙袍中的某个纹样，分析它的配色特点，并用彩笔临摹出来。

选取纹样	例：江崖海水纹
配色特点	
临摹画稿	

任务五：云锦文创产品设计

2021年起，南京云锦研究所拓展了三条新的产品线：一是以收藏鉴赏为主的云锦艺术品；二是云锦+生活方式，如云锦+皮具、云锦+茶具、云锦+香具等；三是各种带有云锦元素的文创产品。云锦以不同的姿态、全新的形式走进了我们的生活。

1. 在南京云锦博物馆中的跨界联名文创产品展示区，你能找到哪些有趣的云锦文创产品呢？请你选择最心仪的一款进行赏析，说说你喜欢的理由。

产品名称	设计特色

2. 通过本次综合实践活动学习，你还有哪些好的设计想法？用画笔将它记录下来吧！

我的云锦文创设计	
设计草图：	设计说明：

六、展示与评价

1. 举办南京云锦文创产品设计发布会。以发布会的形式展示学生的学习成果，每位学生需要就本人作品的设计理念、设计意图、创新亮点、设计过程及方法等进行自我推荐。由学生评委、教师评委评出"最佳设计奖"。

走进博物馆

南京云锦文创设计评分表			
评价项目	评价内容	分值（10~15分）	评分说明
设计（60分）	产品设计有创新性和独特性。		
	产品造型美观、色彩协调。		
	产品设计能体现一定的文化内涵。		
	产品设计定位明确，有推广价值。		
展示（30分）	展示内容完整、丰富，图文并茂。		
	语言生动、声音洪亮、表达清晰。		
附加项（10分）			
综合评分			
评委点评	评委签名：		

2. 结合本次学习情况，完成学习反馈单。

我的学习反馈单
1. 在云锦博物馆中，你最喜欢的作品是哪一件？说说你的理由。
2. 你喜欢南京云锦吗？你觉得南京云锦哪一点最吸引你？
3. 你觉得本次活动中，最有意义/最难忘的学习经历是什么？
4. 说一说你在这次活动中学到了哪些新的技能？
5. 结合本次学习活动，你觉得我们在传承、保护和推广云锦艺术方面还可以做些什么？
6. 综合本次学习活动全过程，你对自己的表现满意吗？请在选项中打"√"。 非常满意（　　）　　比较满意（　　） 一般（　　）　　　　不太满意（　　）
7. 对于本次活动，你有什么意见或建议？你想对老师说什么？

七、活动反思

本次研学活动让学生走进南京云锦博物馆，通过近距离感受云锦之美，用文字记录云锦之美，用画笔描绘云锦之美的方式，极大地提升了学生对传统文化和本土文化的认同感，使学生在传统文化熏陶中感受艺术之美和传统文化的魅力，是一次传承弘扬优秀传统文化的积极探索。

在美术综合活动课教学设计中，我们要植根地方特色文化，深入挖掘中华优秀传统文化资源，加强与学校、博物馆、家庭、社会的合作，让综合活动研学成为美术教学的重要形式，真正融美于教，化美于行，开阔学生艺术视野。

八、拓展链接

"南京云锦研究所"（南京云锦研究所有限公司微信公众号）。

"南京云锦博物馆"（南京云锦研究所有限公司微信公众号）。

张道一，徐飚.南京云锦［M］.南京：江苏人民出版社，2014.

金文.南京云锦［M］.南京：江苏人民出版社，2009.

金文，刘雨眠.云锦［M］.重庆：重庆出版社，2021.

走进博物馆

浴火而生　陶瓷艺术

学科：美术、历史　　知识点：陶瓷艺术、鉴赏、图案设计

陶瓷文化之旅——走进高淳陶瓷博物馆

中国作为四大文明古国之一，在漫长的历史进程中，创造了丰富灿烂的文化，陶瓷堪称其中的杰出代表。陶瓷是陶器和瓷器的总称。在中国，制陶技艺可追溯到新石器时代，可以说，中华民族发展史中的一个重要组成部分就是陶瓷发展史。从西安半坡遗址出土的大量精美彩陶，到隋唐陶瓷工艺技术的改进，再到宋代五大名窑争奇斗艳，元代青花瓷的出现更是影响了全球审美。到了明清时期，中国瓷器集历代之大成，在清末成为西方贵族争抢的奢侈品。可以说，瓷器是中国文化的重要表征，它融合各阶层的审美，契合中华民族的人文精神，表达了人们对生活的美好期盼。

南京市高淳区有一座陶瓷博物馆，依托我国知名陶瓷企业高淳陶瓷建立。博物馆主馆一层是中国历史名瓷展，展示了哥、官、汝、定、钧五大名窑及景德镇窑、磁州窑、耀州窑、宜兴紫砂的代表作的复制品，再现了灿烂的中国陶瓷历史。

二层是中国当代国家用瓷展，展示了21世纪以来在我国举办的APEC（亚太经济合作组织）峰会、"G20"（20国集团）峰会、"一带一路"峰会、"金砖国家"峰会等重要活动中的国家用瓷，是当代国瓷之集大成。

三层是中国陶瓷艺术大师作品展，展示了我国各传统窑口、各大陶瓷产区的近百位中国陶瓷艺术大师的代表艺术品。

新石器时代，人面鱼纹彩陶盆，
中国国家博物馆藏

南北朝，青釉仰覆莲花尊，
中国国家博物馆藏

唐，骆驼载乐舞三彩俑，
中国国家博物馆藏

明，青花龙纹天球瓶，
中国国家博物馆藏

清，粉彩镂雕夔龙纹转心瓶，
中国国家博物馆藏

一、活动背景

陶瓷艺术发源、成长、成熟于中国,五千年的文明史与陶瓷艺术史交相辉映,有着丰富的历史遗存,博物馆中历朝历代的陶瓷藏品都可作为我们美术综合实践活动的资源。在触摸历史的同时,我们更应贴近现实生活,感受当代生活中的陶瓷艺术。

本次活动,带领学生走进高淳陶瓷博物馆,通过对我国陶瓷的发展历史、制作工艺、文化内涵、艺术审美等方面的研学,对陶瓷艺术形成一个基本的认知,体会瓷器与中华文化的渊源关联。让学生在活动中认识、了解这一优秀的传统文化工艺,增强民族自豪感和自信心。

二、活动目标

1. 了解中国陶瓷的起源与发展,感受不同时期陶瓷艺术的特色。

2. 了解陶器和瓷器在工艺上的不同,学会赏析陶瓷的造型、纹样、色彩之美。

3. 了解瓷器纹样的寓意,模仿中国传统瓷器图案,借助多种媒介大胆创作。

4. 了解中国瓷器艺术的发展与当代生活的关系,尝试利用多种方式将瓷器艺术融入现代生活。

三、核心素养

图像识读	能够分析、解读陶瓷艺术品的造型、图案、色彩、形式等。
美术表现	培养空间意识和造型意识;运用传统和现代材料创作陶瓷图案,设计青花工艺品。
审美判断	感受和认识陶瓷艺术的独特性和多样性,形成陶瓷审美能力。
创意实践	培养创新意识,运用创意思维创作美术作品。
文化理解	从文化角度观察和理解中国陶瓷艺术,感受陶瓷艺术特有的文化内涵和艺术魅力。

116

高淳陶瓷博物馆

四、问题与实施

小问题	实施计划
1. 我国陶瓷艺术的发展经历了哪几个关键的时期?不同时期有怎样的艺术特色? 2. 我国瓷器对世界产生了哪些影响?	资料搜集
3. 参观博物馆,你知道南京地区陶瓷发展的历史和现状吗? 4. 参观瓷器的生产过程,了解瓷器制作技艺有何特点?和陶器相比有什么进步? 5. 面对一件瓷器,我们可以从哪些角度来欣赏呢? 6. 瓷器纹样有哪些种类?不同纹样有哪些象征意义? 7. 当代陶瓷艺术有了怎样的创新,呈现了什么新的特点? 8. 如何让中国瓷器文化走进现代人的生活?	博物馆探究 案例分析 注重对过程性材料的收集和记录
9. 瓷器纹样在造型、种类、构成上有什么特点?如何运用已有知识设计出一款瓷器图案? 10. 如何运用我们身边的材料制作陶瓷工艺品?	创作实践

五、实施过程

任务一:参观博物馆,了解我国瓷器发展历史

1. 参观博物馆一楼展厅,结合书本知识与博物馆中的导览文字,参考中国陶瓷艺术发展简表,了解并建立我国瓷器发展历史的清晰脉络。

中国陶瓷艺术发展简表		
历史时期	主要地域或窑口	代表作品及类型
新石器时期 (彩陶)	黄河上游地区 甘肃马家窑	彩陶
	黄河中游地区 河南仰韶	彩陶
	山东龙山	黑陶
商周 (从陶器到原始瓷器)	黄河流域 长江流域	泥质灰陶和夹砂灰陶 商代白陶 印纹硬陶 原始青瓷

中国陶瓷艺术发展简表			
历史时期		**主要地域或窑口**	**代表作品及类型**
萌芽时期	秦汉（从原始青瓷到成熟青瓷）	浙江	东汉青瓷 东汉青瓷胎质致密坚硬，胎色多为灰白或淡青灰色，瓷化程度较高，敲击声音清脆。釉层均匀，胎釉结合紧密，釉色青绿，也有些青黄。
	六朝（青瓷盛行）	浙江、江苏	青瓷 出现印花、刻花、捏塑等工艺。
成熟时期	隋唐（南青北白）	越窑	越窑的青瓷明彻如冰，温润如玉，色泽青中带绿，与茶青色相近。
		邢窑	白瓷土质细润，器壁坚而薄，器型稳厚。
		长安（西窑）洛阳（东窑）	唐三彩色彩亮丽，以黄、绿、青三色铅釉为主。
	宋代（成熟发展）	五大名窑；北方地区的定窑系、耀州窑系、钧窑系和磁州窑系；南方地区的龙泉青瓷系和景德镇青白瓷系。	汝窑：在汝州（今河南临汝）境内，故名。胎质灰白，釉色呈天青、粉青为多，釉面纯净如玉。 官窑：烧制御用瓷器，有"紫口铁足"者为南宋瓷器精品。 哥窑与龙泉窑：瓷器通体开片，开大片为"冰裂纹"，开细片为"鱼子纹"，极碎为"百圾碎"，若裂纹呈黑、黄两色，则称为"金丝铁线"。 钧窑：河南省禹州市境内，以绚丽多彩著称于世，创造铜红釉窑变技术。
			定窑：以白瓷著称，兼烧黑釉、酱釉和绿釉瓷，文献分别称其为"黑定""紫定""绿定"，因宋室南迁的原因，又分北定和南定。 磁州窑：宋代著名民间窑，以白地黑花剔刻装饰最有特色。 建窑（福建）和吉州窑（江西）：釉汁的铁含量达到 8%，瓷呈纯黑色。
巅峰时期	元代（出口创新）	浙江龙泉窑系江西景德镇	青花瓷是在白瓷上用钴料画成图案之后再进行烧制，只用一种蓝色，但颜料的浓淡、层次，都可以呈现出丰富多样的艺术效果。
	明代（走向鼎盛）	江西景德镇	朝廷在景德镇设立专为皇室烧造瓷器的御窑厂，景德镇逐渐成为瓷业中心，除青花外，鲜红、祭蓝、甜白、斗彩等颜色釉瓷器也备受后世称道。
	清代（登峰造极）	江西景德镇	中国瓷器的生产在这一个时期达到了历史的高峰，进入了瓷器的黄金时代。康熙时期的青花、五彩、三彩、郎窑红、豇豆红、珐琅彩等品种别开生面。雍正时期的粉彩、斗彩、青花和高低温颜色釉等，粉润柔和、朴素清逸。乾隆时期为制瓷工艺的集大成者，不论款式、图案、釉色都纤巧精密，巧夺天工。
		福建德化	白瓷佛像。

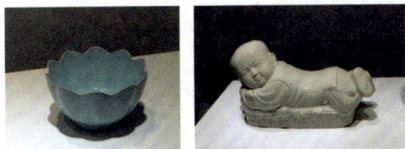

高淳陶瓷博物馆中的经典陶瓷作品仿制品

2. 请你尝试运用"鱼骨图"制作一段我国陶瓷发展的简史吧！

我的思维导图

任务二：观察并了解陶器与瓷器的工艺差异

1. 观察博物馆中的陶器和瓷器，结合相关导览介绍，比较陶器和瓷器在制造工艺上有哪些不同。

维度	陶器	瓷器
烧制温度		
坚硬程度		
原料		
透明度		
釉料		

117

2. 欣赏展厅中的展品，总结瓷器生产的基本流程。

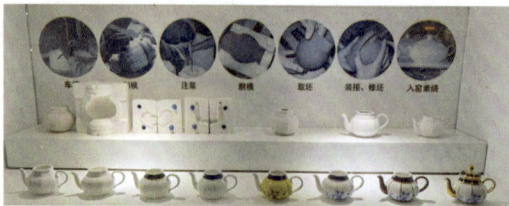

瓷器的制作流程，高淳陶瓷博物馆中的展品

3. 想一想，为什么在我们今天的日常生活中大多使用的都是瓷器？瓷器和陶器相比，有哪些进步？

4. 瓷器种类的划分是有一定依据的，可以从用途、器形、釉色、产地等来划分。通常我们以釉色作为划分瓷器的标准，如青瓷、白瓷、黑瓷、彩瓷等。瓷器外表的釉层可使瓷器表面光洁，更具有实用性和观赏性，即"以色取瓷"。

你喜欢哪一种釉色的瓷器呢？搜集相关资料，从该类瓷器的发展历史、特点、代表作品等方面向同学们做个介绍吧！（也可以用思维导图的方式画出来）

知识卡片：瓷器主要釉色

1. 青瓷

釉料含铁量在 1%～3% 之间，釉色主要为青黄色或青绿色，始烧于东汉。主要品种有秘色、粉青、梅子青等。越窑、官窑、汝窑及龙泉窑等均以烧制青瓷闻名天下。

2. 白瓷

白瓷是在青瓷的基础上发展起来的。如果釉料中的铁元素含量小于 0.63%，烧出来的就会是白釉，含铁量越低，釉色越白净。主要品种有卵白釉、甜白釉、象牙白釉等。著名的白瓷窑口有邢窑、定窑、德化窑等。

3. 黑瓷

釉料中的含铁量在 8% 左右，主要品种有兔毫釉、油滴、玳瑁釉等。其中福建建窑所烧的黑釉最为有名，江西吉州窑的黑釉瓷也非常珍贵。

4. 青白瓷

青白瓷又称影青瓷，含铁量在 0.6%～1% 之间，故其釉色介于青白之间，青中显白，白中泛青。江西景德镇窑是青白瓷的主要产地。

5. 彩绘瓷

彩绘瓷从工艺上可以分为釉上彩、釉下彩、釉上釉下相结合彩三大类。

釉上彩，指在烧好的素器上彩绘，再经低温烘烤而成，因彩绘附着于釉面之上而得名。其品种包括宋加彩、金加彩、五彩、粉彩、素三彩、珐琅彩、浅绛彩等。

釉下彩，指在生坯上彩绘后施釉入窑高温烧成，彩色花纹在釉下，永不脱落。其品种有青釉褐绿彩、白地黑花、青花、釉里红、釉下三彩、釉下五彩等。

斗彩，是一种将釉下青花和釉上彩色相结合，二次入窑烧成的彩瓷工艺。斗彩的施彩方法主要有填彩和拼彩两种。

6. 颜色釉

这里的颜色釉，主要是指明清时期景德镇烧制的品种。根据烧成温度的不同，颜色釉大致可以分为高温釉、中温釉、低温釉。高温釉主要有霁红釉、郎窑红釉、豇豆红釉、霁蓝釉、翠青釉等。中温釉主要有孔雀绿釉、毡包青釉、矾红釉等。低温釉则包括胭脂红釉、珊瑚红釉、瓜皮绿釉、黄釉等。

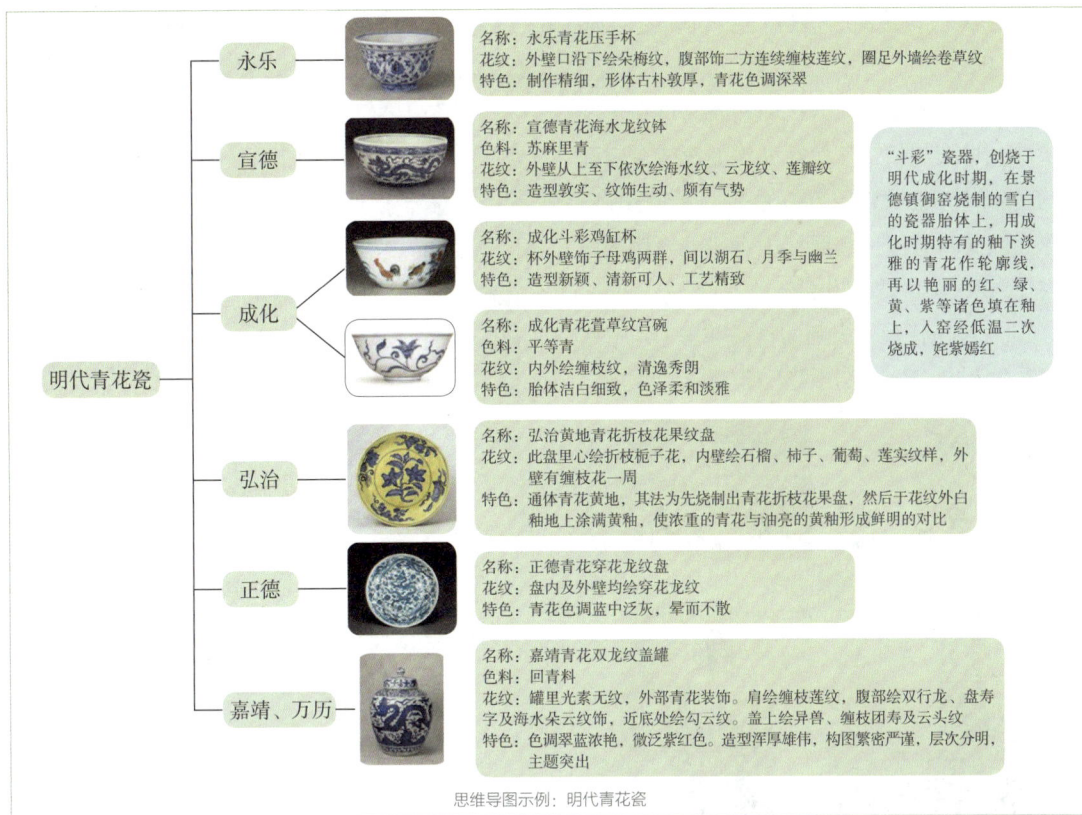

明代青花瓷

永乐
名称：永乐青花压手杯
花纹：外壁口沿下绘朵梅纹，腹部饰二方连续缠枝莲纹，圈足外墙绘卷草纹
特色：制作精细，形体古朴敦厚，青花色调深翠

宣德
名称：宣德青花海水龙纹钵
色料：苏麻里青
花纹：外壁从上至下依次绘海水纹、云龙纹、莲瓣纹
特色：造型敦实、纹饰生动、颇有气势

成化
名称：成化斗彩鸡缸杯
花纹：杯外壁饰子母鸡两群，间以湖石、月季与幽兰
特色：造型新颖、清新可人、工艺精致

名称：成化青花萱草纹宫碗
色料：平等青
花纹：内外绘缠枝纹，清逸秀朗
特色：胎体洁白细致，色泽柔和淡雅

弘治
名称：弘治黄地青花折枝花果纹盘
花纹：此盘里心绘折枝栀子花，内壁绘石榴、柿子、葡萄、莲实纹样，外壁有缠枝花一周
特色：通体青花黄地，其法为先烧制出青花折枝花果盘，然后于花纹外白釉地上涂满黄釉，使浓重的青花与油亮的黄釉形成鲜明的对比

正德
名称：正德青花穿花龙纹盘
花纹：盘内及外壁均绘穿花龙纹
特色：青花色调蓝中泛灰，晕而不散

嘉靖、万历
名称：嘉靖青花双龙纹盖罐
色料：回青料
花纹：罐里光素无纹，外部青花装饰。肩部缠枝莲纹，腹部绘双行龙、盘寿字及海水朵云纹饰，近底处绘勾云纹。盖上绘异兽、缠枝团寿及云头纹
特色：色调翠蓝浓艳，微泛紫红色。造型浑厚雄伟，构图繁密严谨，层次分明，主题突出

"斗彩"瓷器，创烧于明代成化时期，在景德镇御窑烧制的雪白的瓷器胎体上，用成化时期特有的釉下淡雅的青花作轮廓线，再以艳丽的红、绿、黄、紫等诸色填在釉上，入窑经低温二次烧成，姹紫嫣红

思维导图示例：明代青花瓷

任务三：发现纹样之美

1. 瓷器纹样是中国古代瓷器上的装饰花纹，不仅题材丰富，技法巧妙，且"图必有意，意必吉祥"，常用谐音表意和象征手法寄托吉祥的寓意。博物馆里的展品上有各式各样的纹样，你能将它们按照纹样的题材做个分类吗？

我发现纹样种类有：＿＿＿＿＿＿＿＿＿＿

新中式圆形茶具，高淳陶瓷博物馆藏品

2. 选择 1~2 件作品，填写下表。

作品名称	图案描述	象征意义

3. 高淳陶瓷博物馆二楼是中国当代国家用瓷展。其中有一套名为"盛世如意"的餐具，是国家主席习近平为出席 2014 年 APEC 峰会的国家元首、夫人及嘉宾举行的国宴上使用的餐具，流光溢彩，令人惊叹。

"盛世如意"餐具，高淳陶瓷博物馆藏品

（1）你知道什么是国家用瓷吗？你认为国家用瓷在器型、设计和工艺上有什么特殊之处呢？

＿＿＿＿＿＿＿＿＿＿＿＿＿＿＿＿＿＿

（2）这套"盛世如意"国宴用瓷在造型、色彩和花纹上有什么特点？你能说一说艺术家的设计匠心吗？

＿＿＿＿＿＿＿＿＿＿＿＿＿＿＿＿＿＿

任务四：同伴交流，赏析当代陶瓷大师作品

随着时代的发展，当代陶艺家尝试在传统的基础上寻求创新，不仅在外观上改变了陶瓷作品的审美形态，而且在功能上也推陈出新。高淳陶瓷博物馆的三楼展厅中有很多当代国内外陶瓷艺术大师的艺术作品。

1. 欣赏当代陶瓷大师的作品并思考，这些作品在艺术表达上与实用性瓷器有什么不同？

吴渭阳 《女娲补天瓷板》

(法国)贝特朗·巴龙作品

(德国)萨宾·施耐德作品

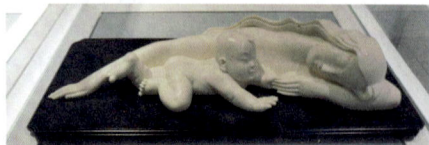

罗小平 《母亲》

	相同	不同
以实用为主的瓷器		
以欣赏为主的陶瓷工艺品		

2. 试着从材料、工艺、造型、审美等方面去鉴赏陶瓷艺术品，并填写下表。

维度	阐述	作品名称_____
材料		
工艺		(粘贴作品)
造型		
审美		

任务五：活动体验，做回陶瓷设计师

1. 中国瓷器造型丰富，以瓶为例，就分为梅瓶、花口瓶、玉壶春瓶、琮瓶、宝月瓶、象瓶等，请你在博物馆中找一找，画出几种不同形态的瓶子吧！

名称			
造型			

2. 纹样是瓷器作品中的基本装饰元素之一，瓷器上装饰的纹样主要有植物纹、动物纹、人物纹、故事图、几何纹和吉祥纹等。试一试，为下面的花瓶添上美丽的纹饰吧！

学生作品

3. 随着时代的发展，越来越多的瓷器纹样被应用到各类产品的设计中。请你结合本次研学活动，以"青花"为主题，设计一款方巾。

我的方巾设计图	设计说明
	花纹： 寓意：

六、展示与评价

1. 展示活动建议

（1）开展"青花古韵"文创作品设计大赛，学生可以通过设计明信片、青花瓷瓶、服装等，展示陶瓷艺术的造型美、纹样美和色彩美。

（2）开展"我是国宝守护人"微视频大赛，学生走进博物馆，寻找国宝瓷器，准备文物讲解稿、拍摄视频并进行后期处理。将学生拍摄的"我是国宝守护人"文物介绍视频在学校大屏幕上滚动播放，组织评选活动。还可通过学校微信平台、校园网等网络平台推送学生创作的微视频，让全校师生欣赏和了解我国优秀的陶瓷文化。

2. 综合本次学习过程和成果，完成自主学习评价单。

自主学习评价单				
评价维度	评分内容	自评 （0~10分）	互评 （0~10分）	师评 （0~10分）
态度与兴趣 （10分）	喜欢本次活动，态度认真积极。			
理解与表达 （20分）	善于思考，能发现并解决研学活动中的问题。			
	思维敏捷、清晰，能积极表达自己的观点。			
实践与体验 （30分）	能够按要求收集和整合相关学习资料。			
	能积极完成每项学习任务。			
	实践能力强，作品质量高。			
合作与发展 （30分）	服从组织安排，能积极与他人协作。			
	尊重他人，能听取他人意见和建议。			
	组内氛围和谐，相互促进，学习成效显著，成果丰富。			
其他 （10分）	（自己填写）			
总分				

七、活动反思

本次博物馆研学活动分为五个阶段：一是探源历史，了解悠久的中国陶瓷文化，学生需要搜集资料，设计一个思维导图；二是比较分析，了解陶和瓷的不同，参观记录陶瓷的生产过程；三是理解掌握，关注陶瓷上的纹样种类，了解其背后的美好寓意；四是古今对比，欣赏当代名家陶瓷艺术品，关注陶瓷艺术的传承与创新；五是创作实践，尝试设计陶瓷纹样。

学生在博物馆实景中欣赏陶瓷作品，通过五个研学任务，加深了对陶瓷艺术的理解，通过实物与资料的相互印证，增强了学习的趣味性，真实感受到陶瓷艺术的形体美、色彩美、声音美、内涵美，切实提高了审美能力和实践能力。

八、拓展链接

陈克伦. 瓷器中国［M］. 上海：上海书画出版社，2021.

CCTV《走进科学》编辑部. 瓷器中国［M］. 四川：巴蜀书社，2016.

走进博物馆

活动预热

从传统到现代——南京金箔锻制技艺

　　《辞海》解释"金箔"为：用金锤成的薄片，常用以贴饰佛像和器皿。明代宋应星所著《天工开物》载："凡造金箔，既成薄片后，包入乌金纸，竭力挥椎打成。"由此可知金箔是黄金薄片中厚度极其薄者，因而金箔在古代又称"金薄"。

　　南京是金箔生产的发源地。民间相传，清代乾隆皇帝下江南时，曾专程前往南京东北郊的龙潭古镇探访金箔的秘密，拜谒当地为金箔工艺祖师爷葛仙翁（东晋时的炼丹家葛洪）设立的金箔祠堂。在漫长的历史岁月里，封建统治阶级为彰显他们的荣华富贵，帝王将相的龙袍朝服、皇后贵妃的礼服都用金银线绣饰织造；金箔则用于宫殿装潢、寺庙佛像装金等。明清两代都曾在南京设立专门织造云锦的机构，金箔、金线使用也随着云锦的发展而盛极一时。

金箔与乌金纸

　　南京金箔锻制技艺独特，技术要求很高，是中国特种传统手工艺。旧时老艺人将金箔业分为五行——拍叶、装沾、打箔、出起、切箔。经过前人的总结，当代南京金箔业将金箔锻制过程归纳为十二道工序。黄金经过化条、拍叶、落开子、炕炕、做捻子、打箔、出具、切箔等精细加工，被捶打成薄如蝉翼的金箔，100 张金箔堆在一起还不到 0.1 毫米厚。2006 年，南京金箔锻制技艺被列入首批国家级非物质文化遗产名录，南京金线金箔总厂为金箔锻制技艺传承保护单位。

　　在南京，如果想了解金箔，有两家公益性的展馆可以选择。一家是由南京金箔集团公司建设的中国金箔艺术馆，位于南京市江宁区金箔路上，占地 4000 多平方米，是世界上最大的真金箔陈列馆。另一家是位于龙潭的南京金箔博物馆，馆内设金箔技艺厅、打箔机展示厅、乌金纸技艺厅、传统真金线技艺厅及金箔艺术品展示厅，以传统制作过程为载体讲述金箔、金线及乌金纸的历史，馆藏藏品 300 余件。

一、活动背景

黄金拥有灿烂的光泽和优秀的延展性。人类对黄金的使用由来已久，最早在公元前4000多年，古埃及就有关于"一份黄金与二份半白银相等"的记述。在我国，三星堆遗址出土了黄金权杖、黄金面具等大量精美的黄金制品。

金箔是黄金具备优秀延展性的证明。南京是金箔工艺的故乡。目前，南京金箔产量约占全国的70%。本次活动以"黄金变形记"为主题，带着学生走进中国金箔艺术馆，了解金箔从传统到现代的制作工艺演变，金箔的审美和实用价值，学习和体验贴金技艺。

二、活动目标

1. 了解南京金箔的历史和金箔背后的文化内涵。

2. 了解金箔的锻制工艺以及应用范围。

3. 学习基本的金箔贴金手法，并能加以创新运用。

4. 提升学生的实践能力和创新能力，激发学生热爱中华优秀传统文化的美好情感。

三、核心素养

图像识读	能够用联系、比较的方法对我国及其他国家地区的金箔艺术品进行整体分析、识别和解读
美术表现	能够运用金箔等相关材料围绕学习主题进行美术表现
审美判断	感受和认识南京金箔的艺术价值和文化内涵
创意实践	培养创新意识，运用创意思维创作美术作品
文化理解	从文化角度观察和理解不同地域、不同时期、不同风格的金箔艺术品，理解人类文化的延续性和多样性

四、问题与实施

小问题	实施计划
1. 黄金在人类历史上有怎样的重要地位和功能？ 2. 世界各地有哪些有代表性的金箔艺术品？	资料搜集
3. 参观中国金箔艺术馆，了解古代金箔是如何打造的，今天的金箔锻制技术取得了哪些进步？ 4. 南京金箔是如何发展的？在我国有怎样的重要地位？ 5. 金箔工艺品有什么特点？ 6. 金箔还有哪些用途？我们应当如何保护和传承这门技艺？	博物馆探究 典型案例分析 注重对过程性材料的收集和记录
7. 什么是贴金？贴金的材料和方法是什么？ 8. 如何运用金箔进行艺术创作？	创作实践

五、实施过程

任务一：了解金箔的历史及中外代表作品

1. 黄金是人类最早获得以及进行加工的贵金属之一。对于黄金，全世界的人似乎达成了一致共识：是权力、地位或财富的象征。想一想，为什么黄金在人类社会中拥有这样高的地位？

_____

_____

2. 箔，古通"薄"。考古界将商代以来装饰器物的金片称为"金薄"。但是，严格意义上来讲，当时的"金薄"更接近一种金片，和我们今天所说的"金箔"还是有很大区别的。你知道人类最早是从什么时候开设使用"金薄/金箔"的吗？

_____

_____

3. 你知道人类历史上有哪些著名的"金薄/金箔"艺术品吗？搜集资料，将表格补充完整。

123

走进博物馆

地域及时代	代表文物	特点
中国 夏商周时期	 太阳神鸟金饰，金沙遗址博物馆藏	
	 金面罩，三星堆博物馆藏	
古埃及 第十八王朝	 图坦卡门黄金面具	
古希腊 迈锡尼文明	 阿伽门农黄金面具	

主要环节	用途
1. 黄金配比	从金库中取出原料黄金，根据产品品种特殊要求进行配比，并加入定量比例的银、铜元素，使其达到需要的含金量。
2. 化金条	
3. 拍叶	
4. 做捻子	
5. 落金开子	
6. 沾金捻子	
7. 打金开子	
8. 装开子	将金开子小心翼翼地用鹅毛趁口风挑起，放入 20 厘米见方的乌金纸包内。
9. 炕家生	
10. 打了戏	
11. 出具	
12. 切金箔	

2. 查找资料，你知道今天的金箔制作和过去相比有了哪些不同吗？

提示：在传统金箔制造流程中，"打了戏"是所有工序的重中之重，需要把一块金"疙瘩"打成厚 0.1 微米左右的薄片。打箔用的乌金纸制作是金箔生产的核心技术，打箔质量的好坏取决于乌金纸。南京金线金箔厂于 2000 年率先淘汰传统乌金纸，成功突破乌金纸制造技术的难题，其水平完全可与欧洲、日本的技术媲美，是国内唯一掌握这种核心技术的企业。

任务二：参观中国金箔艺术馆，了解传统金箔工艺

1. 展厅内，栩栩如生的雕塑为参观者"讲述"着传统金箔制作流程。你知道金箔制作需要哪些环节吗？每一个环节的作用是什么呢？认真观看博物馆中的展品并在表格中做好记录。

任务三：搜集金箔制品资料，了解金箔的用途

1. 金箔作为一种装饰材料，在古代主要应用于建筑和宗教领域的贴金。传统的贴金技术

走进博物馆

中国金箔艺术馆中的雕塑讲述着金箔的制作流程

要将成色很高的黄金打造成极薄的金箔片，此时的金箔具有很强的附着性，利用特定的材料可将其贴在建筑构件的表面，并保持长久不脱落。

你知道古人给建筑贴金的原因吗？观看展品，试着总结。

_____

_____

故宫交泰殿藻井上的贴金　　故宫太和殿蟠龙金柱

2. 今天，金箔也被设计师们广泛运用于多个领域，比如景观雕塑、家具设计、珠宝首饰设计等。参观展厅，结合实际生活，说一说你还在哪些领域看过金箔，并举例说明。

应用领域	应用案例
例：景观雕塑	香港紫荆花雕塑

知识卡片

随着技术的发展，金箔厂以金箔锻制技艺为基础，以其他金属、合金为原材料，制作生产出银箔、铜箔、铝箔及其他合金箔。原材料的改变也让箔类有了更加丰富的色彩，除了金银色、紫铜色等金属原色外，还制作出蓝色、红色、绿色、紫色等人工调和的颜色。

3. 根据我国食品安全法律法规及食品安全标准规定，金（银）箔、金（银）粉类物质不是食品添加剂，不能用于食品生产经营。查阅相关资料，说一说，金箔为何不能食用？

_____

_____

任务四：学习贴金工艺，感受金箔之美

1. 贴金工艺在我国流传已久，贴金的材料主要有金、银、铜、铝箔等。传统贴金技法是将金箔用竹钳子夹起，贴在有黏性的底子上，一般贴于织物、皮革、纸张、各种器物及建筑物表面以作装饰之用。让我们一起来体验贴金"福"吧！

制作活动：贴金"福"	
工具材料：金箔、金箔胶水、金箔保护油、尼龙笔、羊毛刷、竹镊子、圆形木刻板（直径 10 厘米左右）。	
第一步	将圆形木刻板涂成红色，准备一个"福"字素材，按照书签大小打印出来，用刻刀将"福"字挖空。
第二步	倒出适量金箔胶，用清水稀释。
第三步	将镂刻后的"福"字素材固定在圆板上，用尼龙笔将胶水涂匀涂在露出的木板表面上，静置 15～20 分钟。
第四步	将金箔覆于"福"字之上，用干净的羊毛刷刷箔。
第五步	用羊毛刷将多余的金箔扫掉。
第六步	在"福"字上涂上金箔保护油。
成品示例	

2. 金箔还可以应用在其他物品上，你还有什么好的创意呢？一起来试试吧！

我的设计
作品名称：
设计理念：

金箔书签，学生作品　　金箔瓶，学生作品　　金箔扇，学生作品

六、展示与评价

1. 各小组回顾和总结本次活动，运用 PPT、小报或微视频等形式展示学习过程和学习成果。

2. 学生填写学习反馈单。

我的学习反馈单
1. 通过本次活动，你了解金箔的发展历史了吗？给你印象最深的是哪件艺术品？
2. 参观中国金箔艺术馆，你最大的收获是什么？
3. 你觉得本次活动中，最有意义/最难忘的学习经历是什么？
4. 说一说你在这次活动中学到了哪些新的技能？
5. 本次活动中，在同学们完成的金箔创意作品中，你最喜欢哪一件？说说你的理由？
6. 结合本次学习，你觉得我们在传承、保护和推广金箔艺术方面还可以做什么？
7. 综合本次学习活动全过程，你对自己的表现满意吗？请在选项中打"√"。 非常满意（　　）　比较满意（　　）　一般（　　）　不太满意（　　）
8. 对于本次活动，你有什么意见或建议？你想对老师说什么？

七、活动点评

金箔对于今天的学生来说既熟悉又陌生，很多学生并不知道南京是我国乃至全球的金箔重要产地。本次研学活动以"黄金变形记"为主题，探寻黄金变形的秘密，了解人类发展过程中对黄金的运用和金箔的重要价值。

当学生走进中国金箔艺术馆，了解到南京悠久的金箔锻制历史和精湛的锻制工艺，尤其是得知一片金箔只有 0.1 微米左右的时候都非常震惊，惊叹于工匠的智慧和高超技艺。在参观的过程中，学生对于今天的南京在全球金箔制造业中的地位感到非常自豪，他们发现原来南京金箔早已走出国门、走向世界。在贴金"福"活动中，学生体验了贴金工艺，也对金箔艺术产生了极大的兴趣。有的学生将碎金箔片搜集起来，装进小玻璃瓶中，制作成许愿瓶；有的学生用金箔装饰自己的笔记本；还有的学生在自己的书法作品上撒上金箔，做成漂亮的扇子。本次活动不但让学生更加熟悉和了解家乡悠久的历史和优秀的传统技艺，更在活动中传承传统技艺，激发了他们对传统工艺的兴趣和学习热情。

八、拓展链接

李俊勇. 金银生辉：金银文化与艺术特色［M］. 北京：现代出版社，2014.

黄剑华. 古蜀金沙［M］. 成都：四川文艺出版社，2022.

长北. 江苏手工艺史［M］. 南京：江苏人民出版社，2020.

周乾. 故宫建筑细探［M］. 上海：上海人民出版社，2023.

走进博物馆

千年荣光　龙驹腾跃

学科：美术、语文、历史　　知识点：鉴赏、绘画

活动预热

走进马文化博物馆

马自古以来便是人类的好伙伴，在人类文明发展的进程中扮演了重要的角色。可以说，马的驯养及应用在很大程度上推动了人类文明的进程。

在我国，已发现的最早的马化石是内蒙古锡林郭勒大草原的苏尼特左旗出土的，距今一千多万年的戈壁安琪马化石。1956年在南京方山发现的一块马化石，就是安琪马，说明早在一千多万年前，南京方山一带也曾经生活着马。

在南京的紫金山脚，玄武湖畔，有一个白马公园。"白马"之称谓源自东汉末年秣陵尉蒋子文的神话传说。据《搜神记》记载，蒋子文，广陵（今扬州）人，汉末为秣陵尉，追逐强盗至钟山脚下，战死。东吴初年，有官员看见蒋子文在大道上乘坐白马、手执白羽扇、侍从左右跟随，和生前一模一样。皇帝于是为蒋子文立庙堂，并将钟山改名蒋山。白马村、蒋王庙均与此相关，并作为地名保留至今。朱元璋定都南京后很重视养马。南京东郊的地名"马群"即得名于明朝皇家养马场。

在距离我们南京不远的江阴市，有一座马文化博物馆，是世界独有的活体化马文化博物馆，占地约8700平方米。其中负一层收藏馆收藏了大量与马相关的各类艺术品，汉代彩绘陶马俑、唐朝三彩俑、明朝彩绘骑马俑，形态各异，令人大开眼界。一层为名马馆，收藏超过30个国家的47种名贵马种。二层是体验馆，从马的自然繁衍到马走入人类文明，从马耕时代的崛起到浴血战场的光荣，用光控和数码影像方式，带我们穿越时空，体验马与人类文明共同前行的历史。

白马公园

马文化博物馆

一、活动背景

马是人类忠实的朋友和勇敢的伙伴，是速度与力量、勇敢与激情、优雅与灵动的象征。马也是艺术史上时常出现的元素。早在商代，马和车就已结合起来，考古工作者在商代车马坑中剥离出了完整的车马。秦始皇陵中出土的大批战马俑更是威武雄浑，是大秦帝国军事力量的象征。唐代三彩马俑釉色丰富，展现了大唐盛世的富丽繁华。唐代鞍马画家韩干重视写生，坚持以真马为师，遍绘宫中及诸王府之名马，创造了富有盛唐气息的画马新风。宋代的李公麟每次去朝廷的马厩观看国马，竟然能"终日不去，几与俱化"，他吸取吴道子笔法精华，开创白描人马画，成为后人学习的典范。到了近代，徐悲鸿笔下的马象征着中国人的精神，鼓励我们永不屈服、勇往直前。

本次研学活动通过"成语中的马、雕塑中的马、绘画中的马、我眼中的马"四个任务，带领学生穿越古今时空，实地游览马文化博物馆，在欣赏历史上丰富多彩的和马有关的艺术品的同时，了解人类和马的关系以及马在中国文化中的深层价值。

二、活动目标

1. 了解历史上人类和马的关系，不同时期马的功能价值。

2. 了解中国美术史上与马有关的著名绘画和雕塑作品，探寻其背后的文化价值。

3. 赏析博物馆中关于马的艺术作品，了解其背后的文人思想及精神内涵。

4. 学会用速写的方式表现马的造型。

5. 尝试运用诗句表达对马的情感。

6. 激发学生对马的关注和兴趣，感受中国马文化的悠久历史。

三、核心素养

图像识读	能够用联系、比较的方法对我国绘画、雕塑中的马进行整体分析、识别和解读。
美术表现	培养空间意识和造型意识，能够运用多种材料围绕学习主题进行艺术创新。
审美判断	对我国历史上与马有关的经典作品进行感知、判断和评价；整体感受和认知我国马文化的独特性和多样性，有健康的审美趣味。
创意实践	培养创新意识，运用创意思维创作美术作品。
文化理解	观摩不同时期、不同风格与马有关的艺术品，理解并感受其文化内涵和艺术魅力。

四、问题与实施

小问题	实施计划
1. 你知道哪些与马有关的知识？在人类发展史中，马起到了怎样的作用？ 2. 我国历史上有哪些著名的与马有关的艺术作品？马在我国文化中有怎样的意义？	资料搜集
3. 博物馆中的马有哪些不同的艺术表现形式？ 4. 同样是俑，唐代马俑和秦代马俑相比出现了哪些变化？ 5. 想一想，不同时期艺术家笔下的马发生了哪些变化？ 6. 在中国艺术文化中，马承载了怎样的精神价值和文化理想？	博物馆探究 典型案例分析 注重过程性材料的收集和记录
7. 观察马的形态特征，结合名家作品想一想，我们在画马的时候应该如何概括，如何表达？在画速写时，有哪些值得注意的地方？ 8. 阅读古代和现代写马的诗文，你可以尝试写一首和马有关的诗吗？	创作实践

五、实施过程

任务一：分析成语中的马

1. 小组讨论，列出和马有关的成语，并说一说这些成语是什么意思，其背后有什么深层的含义。

成语	含义	出处
例： 金戈铁马	字面意思是戈闪耀着金光，马配备了铁甲。比喻战争，也形容战士持枪驰骋的雄姿。	宋代辛弃疾《永遇乐·京口北固亭怀古》："想当年金戈铁马，气吞万里如虎。"

2. 想一想，这些成语都和人类的哪些活动有关呢？马在人类的发展过程中扮演了一个怎样的角色？

_____

_____

3. 结合成语，说一说在中国文化中，马有哪些美好的品质？

_____

_____

东汉，斜索戏车画像砖，河南博物院藏

任务二：观察雕塑中的马

我国历史上有很多以马为主题的艺术品，比如大家熟悉的东汉青铜雕塑《马踏飞燕》，1969 年出土于甘肃武威一座东汉灵帝时期的将军墓，高 34.5 厘米，作疾速奔驰状，其右后蹄附一飞鸟，既表现其高度的浪漫主义意境，又稳定了铜马本身的重心，堪称我国古代青铜艺术中的珍品。又如唐太宗李世民昭陵中著名的《昭陵六骏》，长期的南征北战使李世民和马建立了深厚的感情，他在营建昭陵时，决定在陵前雕刻阵亡的战马加以纪念，他亲自选取了六次重大战役中阵亡的六匹战马，并亲自为之作"赞"，以展现六骏的雄姿，同时彰显自己的卓越功勋。参观马文化博物馆，思考以下问题。

1. 博物馆负一楼展厅中有大量和马有关的艺术作品，观察并记录都有哪些不同的艺术形式。

_____

_____

2. 在负一层展厅中，陈设了大量色彩明艳的唐三彩俑复制品，你知道三彩俑和唐之前的陶俑有什么区别吗？试着回答并填写下表。

唐三彩腾空骑马俑，原品藏于西安博物院　　　南朝陶女俑，南京市博物馆藏

	工艺	表现	功能
汉代彩绘马俑			
唐代三彩马俑			
明代彩绘骑马俑			

3. 展厅中的马姿态不同，在当时的功能也不同，你能说说这些马在当时分别有什么功能吗？

（例：我看到了各种功能的马，比如仪仗马、舞马、战马、日常骑行的马，还有西域进贡的名马。有的人骑在马上打马球，有的人骑在马上弯弓射箭，还有排成一排的仪仗马队。马的动态也是活灵活现，有的昂首嘶鸣，有的俯首喝水，有的四蹄腾空，有的安静沉思。）

_____

_____

129

走进博物馆

4. 想一想，这些唐代的马俑和秦始皇陵中的马俑相比有哪些不同？

唐三彩白釉马，洛阳博物馆藏

秦兵马俑，秦始皇帝陵博物院藏

相同点：

不同点：

5. 这么多展品中，你最喜欢哪一件？选取喜欢的作品，说一说其在艺术表现上有怎样的特点？

作品	艺术特点
例：  唐彩绘牵马俑	例：牵马俑为胡人，面部特征明显，深目高鼻，身体微微扭转，做牵马状，造型生动写实。马身高大，颈部粗壮，腿部强劲有力，传递出健壮之美。胡人牵马是当时常见的题材，也是对大唐时代风貌的写照，其造型充分诠释了唐代丰满、健美的艺术特征，也让我们看到了当时贸易交流的生动场景。

任务三：鉴赏名画中的马

在我国绘画史上，画马名家辈出，无论重写实还是通过画马来喻人，都达到了极高的水平。如唐代的曹霸、韩干，宋代的李公麟，元代的赵孟頫，现代的徐悲鸿等，都以画马闻名于世。

1. 请你查阅资料，选择2~3位艺术家画的马，进行对比分析。

作者与作品名称	例：韩干《牧马图》 

构图特点	中心构图，黑马置于画幅前端，突出其雄壮的气势；白马则因黑马的遮挡而着笔不多，以臀部交代其雄健，以眼强调其神情，以尾巴点出其动感。	
画面内容	描绘了黑、白二马，牧马官骑乘白马，手执黑马缰绳，缓慢前行的情景。背景未做任何点染，马体态肥硕，牧马官深目虬须、体格健壮有力。	
表现手法（线条、色彩等）	画面写实，用笔严谨，线条遒劲，始终紧扣马的结构，顺着肌体起伏运笔。线之粗细、轻重、顿挫，视对象不同部位之质感而得心应手地变化。	
精神内涵	韩干重视写生。图中马的形象细腻而有情趣。	

2. 如果说唐朝初期画的马多表现战马，是当时不畏艰险创建王朝的英勇形象的体现，那么到了盛唐时期，随着社会繁荣，马的形象开始转为以肥壮为美，比如张萱《虢国夫人游春图》中的马就是如此。到宋代，画马的题材、形象表现也更加丰富，宋代文人画盛行，马开始借以表现画家个人的精神世界。

查阅相关资料，你能找到借马喻人、托物言志的绘画作品吗？

作品图片	例： 
作品名称	（南宋）龚开《骏骨图》
时代背景	龚开曾是两淮制置司监官，是宋末元初的画家，曾在南宋做官，同陆秀夫是挚友，在元军伐灭南宋的过程中，龚开虽已年过五旬，仍在闽、浙一带参加抗元活动。元朝建立后，龚开穷困潦倒，靠卖画为生。他所画主题涉及景物、人物和马，都暗含对统治者的愤怒和对前朝覆灭的遗恨。

续表

画作内容	《骏骨图》绘一匹老马，瘦骨嶙峋，低首漫步风中，无辔头、缰绳、鬃、尾在风中微动，腰间15条肋骨历历可数，铜骨铁臀，精神矍铄，仍有千里之志。
精神意义	龚开以画马抒发情感，借表现马的优良属性——矫健，来表达个人的理想和抱负。

3. 从古至今，伴随着人类社会的发展，人们根据自己的理想，赋予了马各种各样的精神价值。你能总结出马有哪些精神价值吗？

_____

_____

任务四：我眼中的马

1. 画纸上的马。

你一定看过很多马，但是你肯定没见过这么多来自世界各地的顶级名马，走进马文化博物馆一层展区，我们不但可以看到汉武帝最爱的"汗血宝马"，更有德国的汉诺威、葡萄牙的卢西塔诺、荷兰的弗里斯兰、俄罗斯的顿河……仔细观察马的特征，思考我们又应该如何在画面中表现马。

（1）与真实的马相比，徐悲鸿的马的速写中，马的头部和身体分别有哪些特征？

徐悲鸿的马速写

我的发现	
头部特征	身体特征

（2）请你为喜欢的马画一张头部或者全身速写。（如果来不及现场画，可以拍摄照片回去画，注意拍照时不要开闪光灯哦！）

我的速写

2. 诗句里的马。

马的身上有很多优点，在我国历史上，有很多诗人都描写过马：李贺写道"龙脊贴连钱，银蹄白踏烟"；杜甫有云"竹批双耳峻，风入四蹄轻"；曹操更是自比为一匹"老骥伏枥，志在千里"的马。

你欣赏马的哪些方面？尝试写一首小诗，表达对马的赞美，或托物言志，表达自己的精神和志向。

我的小诗
例：

马

沙景雯

梦想与荣光
在血液中流淌
迎风而上，驰骋万里
不低头，不后退，永远向前
不抛弃，不放弃，忠诚善良
威武而雄健的身体
昂扬而有力的嘶鸣
竭力的汗水
酣畅淋漓

创作思路：

六、展示与评价

1. 过程及成果总结。

各小组制作马文化博物馆研学报告，展示对马和人类发展的关系、相关艺术品及其背后的人文价值的认识和思考。根据各小组成果，实现自评、互评和师评。

评价指标	自评	互评	师评
创新意识和钻研精神。（10分）			
遵守纪律与协作精神。（10分）			
参与学习、完成任务的态度。（10分）			
问题设计、提炼的能力。（10分）			
收集、处理信息的能力。（10分）			
现代化手段应用能力。（10分）			
个人学习成果展示。（20分）			
小组成果总结与汇报情况。（20分）			
总分（100分）			
自我评价：			
组长评价：			
教师评价：			

2. 深入拓展研究。

制作和马有关的主题小报或设计研学课题，建议各个小组从不同学科角度来探讨马在人类社会发展中扮演的角色和价值意义，如文学中的马、艺术中的马、生物学中的马、仿生学中的马等。

研学课题计划书	
课题名称	
课题组成员	
研究背景	
研究目的／意义	
研究内容	
研究方法	
研究过程	
研究结论／成果	

七、活动反思

本次活动带领学生走进无锡江阴的马文化博物馆，让学生在博物馆研学中开启对马的探索，从不同角度重新认识马，探讨马和人的关系，发掘马的精神价值和美学价值。学生在唐代马俑上看到了大唐的盛世荣光，在历代名画上找到了画家赋予马的精神价值，在诗词歌赋中发现了人和马的亲密关系。最后，通过速写、创作诗歌的方式完成了自己对马的再描绘。

八、拓展链接

伊丽达，等.图说中国绘画艺术［M］.上海：上海三联书店，2008.

潘天寿.中国绘画史［M］.上海：上海书画出版社，2016.

田玉彬.中国画，好好看［M］.长沙：湖南教育出版社，2020.

走进博物馆

治隆唐宋　大明风华

学科：美术、历史　　知识点：鉴赏、家具设计

古建筑与文物的珠联璧合——南京市博物馆

　　朝天宫位于江苏省南京市秦淮区水西门内，素有"金陵第一胜迹"之美誉，是江南地区规模最大、等级最高、保存最完整的官式古建筑群落。

　　朝天宫之名，由明太祖朱元璋下诏御赐，取"朝拜上天""朝见天子"之意，是明代皇室贵族焚香祈福的道场和节庆前文武百官演习朝拜天子礼仪的场所，与神乐观同为明朝最高等级的皇家道观。朝天宫是典型的明清殿宇式建筑，其建筑格局、样式、营造技术等是研究中国古代建筑尤其是明清建筑重要且难得的实物资料，具有极高的历史、艺术和科学价值。

　　朝天宫中为文庙，东为江宁府学，西为卞壶祠。文庙正南有"万仞宫墙"围绕，墙内为泮池，东西两侧为"德配天地"和"道冠古今"砖砌牌坊，正面为棂星门，过棂星门向北依次为大成门、大成殿、崇圣殿、敬一亭等。

　　1978年南京市博物馆于此地成立，是一座综合类国家级博物馆，馆藏文物逾10万件（套），上溯远古，下迄民国，南京人头骨化石、青瓷釉下彩神鸟瑞兽盘口壶、王谢家族墓志、青花萧何追韩信图梅瓶、镶金托云龙纹玉带、渔翁戏荷琥珀杯、七宝阿育王塔等是馆藏文物精粹的典型代表。常设展览有"龙蟠虎踞——南京城市史""玉堂佳器——馆藏精品展""云裳簪影——宋明服饰展"等。

朝天宫中的棂星门

朝天宫中的明代建筑

明代大报恩寺琉璃塔构件，南京市博物馆藏

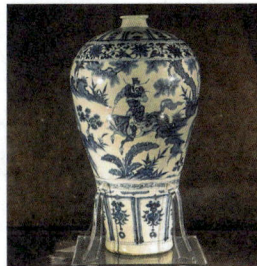

元，青花萧何追韩信图梅瓶，南京市博物馆藏

133

走进博物馆

一、活动背景

南京是明代开国都城，南方重要的政治、经济、文化中心，拥有多处明朝历史文化遗存。南京明城墙是我国目前留存规模最大的都城城墙；南京明故宫开创了皇宫自南向北中轴线与全城轴线重合的模式，是北京故宫的蓝本；南京明孝陵作为中国明清皇陵之首，代表了明初建筑和石刻艺术的最高成就，直接影响明清两代帝王陵寝的形制；南京明代宝船厂遗址，是当时世界上规模最大的皇家造船厂，史载大型宝船"悉数建造于宝船厂"；南京大报恩寺的琉璃宝塔高达 78.2 米，通体用琉璃烧制，自建成至衰毁一直是当时中国最高的建筑，也是世界建筑史上的奇迹。还有南京的御道街、汉府街、马府街、琵琶巷、箍桶巷、三元巷、糖坊廊、明瓦廊、估衣廊等地名，无一不诉说着六百多年前的大明风华。

南京市博物馆位于明代古建筑朝天宫内，博物馆馆藏与古建筑遗存珠联璧合，是领略南京古都文化精髓，欣赏南京历史文明宝藏的好去处。本次研学活动带领学生走进南京市博物馆，了解六百多年前的明代艺术成就，领略明式家具之美。

二、活动目标

1. 查找资料，了解明代政治、经济、文化、艺术等方面的显著特征。

2. 了解明代美术的种类和主要成就。

3. 梳理明代绘画早、中、晚期的代表人物和代表作品，分析其对后世的影响。

4. 了解明式家具特点及美学成就，能够运用设计知识进行新中式家具设计。

5. 感受南京明代文化遗存的辉煌成就，能够运用绘画、设计、演讲等多种形式表达自己的感受。

走进博物馆

三、核心素养

图像识读	能够用联系、比较的方法对明代美术进行整体赏析，感受其形式之美。
美术表现	培养空间意识和造型意识，能够运用多种材料围绕学习主题进行艺术创新。
审美判断	认识明代美术形式的多样性、表现方式的独特性，提升审美能力。
创意实践	提升创新意识，运用创意思维创作具有中国美学特色的美术作品。

四、问题与实施

小问题	实施计划
1. 明代在政治、经济、文化、艺术等方面有哪些显著特征？	资料搜集
2. 结合南京明代遗存的文物或资料，演绎一段有趣的历史故事。	故事演绎
3. 参观南京市博物馆，实地感受明代建筑、文物遗存，尝试给馆藏藏品分类。	实地考察 进一步搜集资料，深入探究 注重过程性材料的收集和记录
4. 除了博物馆中的展品，你还能在南京找到哪些明代美术作品？	
5. 明代早、中、晚期分别出现了哪些绘画流派、代表画家和代表作？	
6. 明代有哪些具有代表性的工艺美术作品？	
7. 明代美术在中国美术史上有何特殊意义，对后世的美术发展产生了哪些影响？	
8. 明式家具是怎样产生的？对后世的家具设计产生了哪些影响？	创作实践
9. 明式家具在造型和设计上有哪些科学与创新之处？	
10. 如何在现代家具设计中借鉴明式家具所蕴含的美学思想？	

五、实施过程

任务一：寻找记忆里的明朝

1. 填一填，明代知识大比拼。

（1）南京明城墙始建于 1366 年，从内到外包括_____、_____、_____、_____四重城墙。其中京城城墙长约 35.3 千米，是当时世界第一大城墙。

（2）明代宫殿代表是＿＿＿＿＿。

（3）明成祖时，郑和先后 7 次下西洋，最远到达＿＿＿＿＿。

（4）"明四家" 又称"吴门四家"，是指明代著名的四位画家，他们是沈周、＿＿＿＿＿、＿＿＿＿＿和仇英。

（5）明代画家徐渭是"泼墨大写意画派"创始人，他的代表作有＿＿＿＿＿。

（6）明代家具和木工技艺以＿＿＿＿＿为代表。

（7）明代小说＿＿＿＿＿，是在宋元时期的说话艺术的基础上发展起来的。以成书于元末明初的＿＿＿＿＿、《水浒传》和成书于嘉靖年间的＿＿＿＿＿为代表，标志着中国古典长篇小说由宋元时代初具规模的讲史和说经话本，发展到了成熟的阶段。

（8）＿＿＿＿＿之学以"心"为宗，他以"心"为宇宙本体，提出"心即理"的命题，断言"心外无物，心外无事，心外无理"。

（9）明代文学家冯梦龙流传最广且影响最大的是"三言"，即＿＿＿＿＿、＿＿＿＿＿和＿＿＿＿＿。

（10）＿＿＿＿＿是世界上第一部关于农业和手工业生产的综合性著作，是中国古代一部综合性的科学技术著作，作者是明代科学家＿＿＿＿＿。

（11）＿＿＿＿＿在地质学等方面取得了超越前人的非凡成就，成为世界上对地质地貌进行科学考察的先驱。

（12）＿＿＿＿＿针对中国传统文人画创作所提出的"南北宗"论对后世影响很大，成为之后文人画创作的主要指导思想。

2. 想一想，说一说。

请结合你学过的知识，说一说明代在政治、经济、文化、艺术等方面有哪些显著特征？

_____

_____

_____

_____

任务二：发生在南京的明朝故事

你读过小说《明朝那些事儿》吗？这是由小说家当年明月写的一部历史小说。小说以史料为基础，以年代和具体人物为主线，对明朝十六帝、王公权贵及其他小人物的命运进行全景展示，将明朝从 1344 年到 1644 年这三百年间的大事小事演绎得生动鲜活、引人入胜。

走进南京市博物馆，感受明代古建筑之美，观看博物馆中展示的文物和资料，结合南京的明代遗存，综合多种资料，说一说你感兴趣的发生在南京的明朝故事。

故事梗概：_____

_____

_____

_____

任务三：博物馆里的大明王朝

"目睹南京这座大城，未免眼花缭乱……明代的南京城极其雄伟壮观，堪与十九世纪的欧洲任何首都相比。本朝开国皇帝洪武把它造成奇迹，东方所能见到的一切都无法望其项背。"——《利玛窦评传》

1. 南京市博物馆中藏有大量明代美术作品，请大家找一找这些藏品，分析这些藏品分别属于哪种美术类别？将它们记录下来。

类别	代表作及简介
例： 绘画	孙枝等《金陵八景图扇页》，南京市博物馆藏。 扇面双面用墨笔各绘金陵四景，共八景，各有榜题和诗咏，由十一人合作完成，是一件诗、书、画合璧的佳作。

2. 除了在博物馆中的展品，你还能在南京找到哪些明代遗留下来的美术作品？

类别	代表作
例： 建筑	明城墙、明故宫、瞻园、白鹭洲公园、无梁殿、明孝陵。

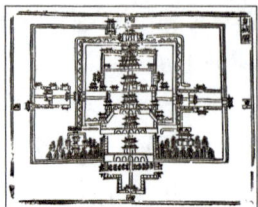

明代南京皇城图——《洪武京城图志》

《洪武京城图志》中的明代南京皇城图

3. 明代绘画历经近三百年的传承和发展，呈现出流派纷繁、画风迭变的特点，在各个阶段都呈现出不同的风格特色。请你结合博物馆展品，搜集相关资料，运用思维导图的方式表现明代早期、中期、晚期的画派、代表画家及代表作。

4. 明代工艺美术在继承前代的基础上，取得了显著进步。农业、手工业空前发展，商业繁荣，促进了工艺美术水平的提高，南京云锦、金陵折扇、明式家具、明代瓷器等都获得了高度发展。请你选择以上 1～2 类工艺美术类别，分析它在明代的主要发展情况和艺术特色。

工艺美术种类	主要发展概括	艺术特色
例： 南京云锦	云锦发轫于元代，兴盛于明清。明代官营制造局众多，主要分布在江浙一带，以南京和苏州成就最高。	南京云锦图案设计独特严谨，花色装饰纹样既能满足使用需求，又具有美感，尤其是在织造中大量用金，造就了云锦华贵典雅、五彩缤纷的特点。它的独特和高贵，使其在明清两代长期受到皇室青睐，并一直专供御用。

任务四：大道至简的明式家具

1. 明式家具主要繁荣于明代，延续至清代

早期，在工艺制作和造型艺术上的成就已达到当时世界最高水平，是中国家具艺术的杰出代表。

结合以下画像砖、绘画等美术作品中的家具，说一说不同阶段我国家具的特点，思考为什么到了明代，家具工艺进入了一个全新的阶段？

朝代	艺术作品中的家具	家具特点
汉代	 画像砖（局部）	
魏晋	 顾恺之《女史箴图》（局部）	
唐代	 佚名《宫乐图》（局部）	
五代	 顾闳中《韩熙载夜宴图》（局部）	
宋代	 苏汉臣《靓妆仕女图》 赵佶《文会图》（局部）	
思考	为什么到了明代，家具工艺进入了一个全新的阶段？	

2. 明代家具种类繁多，按其功能可以分为椅凳类、几案类、橱柜类、床榻类、台架类、屏座类六种，其中最具有代表性的就是明椅。欣赏以下几件明椅，你知道它们的名称吗？它们在功能和造型上有何不同？

椅子类别						
功能						
造型特点						

3. 明式家具大多从实用角度出发，根据人们日常生活的需要确定结构和造型，达到使用功能和造型艺术的完美结合。请你结合明椅的高度、宽度、扶手、椅背等设计，想一想，明椅设计的科学性体现在哪里？

4. 汉斯·瓦格纳是丹麦著名的家具设计师，他的家具设计实用与艺术并重，重视手工技能，使用自然材料。他以中国圈椅为灵感设计了一批"中国椅"系列家具，成为中国传统家具再创新的成功案例。对比明式圈椅和汉斯·瓦格纳设计的"中国椅"，说一说汉斯在吸取明式圈椅特点的基础上做了哪些变化，为什么要做这些变化？

明末，黄花梨圈椅

1945 年汉斯·瓦格纳设计的中国椅（The Chinese Chair）

汉斯·瓦格纳以中国椅为原型设计的圈椅（The Round Chair 1949）

汉斯·瓦格纳以中国椅为原型设计的 Y 椅（The Wishbone Chair 1950）

5. 结合学习内容和我们生活中见过的中式家具，说一说中式家具之美主要体现在哪里。

任务五：明式家具的设计创新

文物专家王世襄说："深邃的文化内涵和高超的艺术成就，是明清家具之所以为世人钟爱有加的原因。"明式家具作为中国古典家具艺术巅峰时期的代表之一，其成就主要体现在功能合理、结构科学、工艺先进、构造精绝、品类齐备、造型优美等方面。明式家具的审美特征和设计理念对于现代中式家具设计也有着重要的影响和启示，从汉斯·瓦格纳的"中国椅"到今天家具市场上的各类新中式家具，无不彰显明式家具的强大生命力。请你结合现代生活，设计一款新中式家具。

走进博物馆

设计主题	
设计思路	
设计草图	

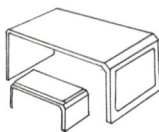

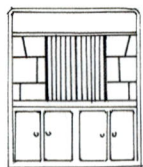

学生设计的新中式家具草图

六、展示与评价

1. 以"我眼中的大明王朝"为主题，结合本次博物馆研学，进行汇报展示，可以采用PPT+主题演讲的方式，也可以用课本剧、海报等形式呈现。

2. 举办新中式家具设计汇报展。由学生评委、教师评委对作品进行综合评分。

新中式家具设计评价表		
评分项目	评分内容与分值	得分(1~10分)
文化与创意	设计理念新颖，能体现中国美学理念。	
	造型样式有传承、有创新，能体现中式家具设计风格。	
造型样式	家具造型美观，能将实用性与美观性相结合。	
	色彩搭配协调，质感和色彩结合得当，能体现设计特色。	
材料与工艺	材料的使用有创新，能将现代材料和中式家具相结合，能体现节能环保的理念。	
	材料的选择和使用符合现实要求，搭配合理。	
实用性与可行性	设计作品实用性高，有现实操作性。	

新中式家具设计评价表		
评分项目	评分内容与分值	得分(1~10分)
作品展示	作品展示完整、美观。	
	过程及成果汇报内容完整、思路清晰	
其他	其他优势：	
总分		
综合点评		评委签名：

七、活动反思

明朝是我国历史上一个极其重要的时代，在政治、经济、文化、艺术等方面都取得了非凡成就。明朝在南京建都，朱棣迁都北京后，南京作为留都，依然是南方乃至全国的中心，但在文化和艺术上更加自由，因而取得了突出的成就。这次研学，学生走进南京市博物馆实地感受明朝的建筑和古物，结合南京地域文化，更加深入地了解明朝的方方面面。在活动设计上，通过资料搜集、实地考察、教师讲解、实践创作等形式，多角度、多层次地了解明代美术的主要特点。

在研学中，学生始终保持着极高的兴趣和探究欲，在资料搜集和参观的过程中，他们了解到很多和南京有关的明代文物、遗址，感到非常震撼，也非常自豪。但是，由于时间有限，对每个领域的研究深度还远远不够，有待进一步开展活动，深入研究。

八、拓展链接

高顺青.南京系列［M］.南京：江苏人民出版社，2019.

当年明月.明朝那些事儿［M］.北京：北京联合出版公司，2021.

胡德生.中国古典家具［M］.北京：文化发展出版社，2016.

于德华.中国家具创新设计［M］.北京：北京理工大学出版社，2020.